TUTTO SU BITCOIN

Davide Capoti Alessandro De Lorenzo Matteo Maggioni

TUTTO SU BITCOIN

GUIDA PRATICA PER INVESTIRE IN CRIPTOVALUTE

EDITORE ULRICO HOEPLI MILANO

via Hoepli 5, 20121 Milano (Italy)
tel. +39 02 864871 – fax +39 02 8052886
e-mail hoepli@hoepli.it

www.hoepli.it

ISBN 978-88-203-8532-3

Realizzazione editoriale: Maurizio Vedovati - Servizi editoriali (info@iltrio.it)
Copertina: Sara Taglialegne

Stampa: LegoDigit S.r.l., Lavis (TN)

Printed in Italy

SOMMARIO

PREFAZIONE

In pochi avrebbero scommesso che il Bitcoin sarebbe riuscito a festeggiare dieci anni di vita. Molti hanno invece provato ad attaccarlo, a screditarlo e, addirittura, a vietarlo, ma tutto questo è servito a poco. Il Bitcoin è sempre lì, più forte che mai.

Lo abbiamo scritto nel precedente libro *Bitcoin revolution* (marzo 2015, Hoepli).

> "È in atto un cambiamento epocale: la moneta digitale irrompe sulla scena mondiale e rivoluziona le tradizionali forme di pagamento."

E oggi più che mai quelle parole si avvicinano alla realtà. Se dapprima solo poche persone erano affascinate dai meccanismi che regolano il Bitcoin e dai suoi connotati di strumento decentralizzato, ora tutti ne parlano e molti lo vogliono.

I privati, spinti dall'incredibile aumento del prezzo, sono alla ricerca di nuovi e facili guadagni. Le imprese cercano nuove strade per inseguire l'ottimizzazione e sostenere il proprio business. Le istituzioni cercano invece di salvaguardare il potere. Obiettivi diversi tra loro, ma tutti accomunati dalla volontà di cavalcare una delle tecnologie più dirompenti e rivoluzionarie degli ultimi decenni.

Sarà il Bitcoin la valuta del futuro? Sarà la blockchain a creare una nuova economia? O forse la vera tecnologia decentralizzata non è ancora stata creata? Comprendere esattamente cosa accadrà è un lavoro difficile, per certi versi inutile. Come sempre, il futuro darà tutte le risposte. Ma in attesa di queste risposte ci si può mettere in poltrona come dei semplici spettatori o agire come dei veri attivisti. Noi pensiamo che la seconda opzioni sia quella da perseguire, in quanto ci pare la più affascinante e stimolante.

Con questo nuovo libro, vogliamo portarvi all'interno del complesso mondo delle criptovalute, fornendo aiuti e suggerimenti per comprendere a fondo gli aspetti tecnologici che governano questo settore. Non si tratta di un semplice aggiornamento del precedente libro *Bitcoin revolution* ma piuttosto di un testo complementare.

Nello specifico, il libro è articolato in quattro macro aree.

La prima parte è incentrata sulla storia del Bitcoin, sulle intenzioni di Satoshi Nakamoto e sul concetto di fiducia che risiede alla base del Bitcoin. Viene inoltre presentata la piattaforma Ethereum, che ha permesso l'integrazione degli Smart Contract sulla propria blockchain e la nascita di un vero e proprio ecosistema di progetti basati sulla sua tecnologia. A tal proposito dedichiamo anche una sezione alle ICO (Initial Coin Offering), un fenomeno esploso lo scorso anno che si pone a metà strada tra una quotazione aziendale e una raccolta fondi.

Nella seconda parte del libro entriamo invece nel mondo finanziario, spiegando quali siano gli strumenti a disposizione di chi voglia investire nel settore delle valute digitali. Se fino a pochi anni fa era possibile acquistare solo ed esclusivamente le valute digitali, oggi non è più così. Sono stati infatti introdotti vari strumenti finanziari quali, per esempio, CFD, Future ed ETF, che replicano in maniera sintetica l'andamento del Bitcoin e offrono all'investitore valide alternative per le proprie scelte di investimento. Inoltre, dedichiamo un'analisi approfondita al funzionamento dei mercati Over The Counter (OTC), parlando di mercati fiat e cripto, di mercati centralizzati e decentralizzati. Trattiamo inoltre temi quali la scelta dell'exchange su cui tradare, l'apertura di un conto online e le modalità di negoziazione.

La terza parte del libro è invece incentrata sulla tematica forse più importante: la sicurezza. In questa parte, illustriamo la definizione di wallet e le alternative per mettere in sicurezza le valute digitali acquistate. Il libro non affronta gli argomenti solo da un punto di vista teorico ma anche pratico, e mostra passo dopo passo come procedere.

Nell'ultima parte, cerchiamo di fornire una descrizione quanto più pertinente dei principali progetti alternativi al Bitcoin, evidenziandone caratteristiche e punti di forza. Per ovvie ragioni, abbiamo dovuto fare una grande scrematura, concentrandoci solo sulle valute che risultano essere dei punti di riferimento nel proprio ambito di applicazione. Parliamo, nello specifico, di Bitcoin Cash, Litecoin, Monero, Dash e altri 23 progetti di sicuro interesse.

Non ci dilunghiamo oltre.
A tutti Voi auguriamo buona lettura.

INTRODUZIONE

L'estate del 2008 verrà ricordata come l'estate più bollente degli ultimi dieci anni. Badate bene, non stiamo parlando della temperatura della sabbia al mare o di quella dell'asfalto in città ma delle temperature incandescenti dei mercati finanziari. Non si ricordava un estate così rovente dal 2002, quando lo scoppio della crisi delle "Dot-com", partita nel settembre del 2000, stava finalmente giungendo a una mesta conclusione, non priva di spettacolari conseguenze.

La bolla delle "Dot-com" aveva infatti decretato ufficialmente il fallimento di quella che solo alcuni anni prima era stata presentata come la più grande rivoluzione tecnologica del secolo e l'inizio di una nuova era tecnologica.

"Dopo l'avvento di Internet, il mondo non sarà più lo stesso".

Erano queste le conclamate convinzioni di un gruppo di visionari della Silicon Valley in quegli anni. Jeff Bezos, Steve Jobs, Sergey Brin e Larry Page, avevano creato le proprie startup convinti di riuscire a sfruttare questa nuova tecnologia, capace di interconnettere il mondo intero con un solo clic. Ed effettivamente così fu o, almeno, questo è quello che possiamo dire oggi, a diciotto anni di distanza.

Viviamo in un mondo interconnesso e iperconnesso, dove la differenza tra realtà virtuale e realtà effettiva non esiste più. La tecnologia è ormai diventata il prolungamento naturale dei nostri pensieri.

Ma in quegli anni 2000, quello che a noi oggi sembra scontato e banale era a dir poco visionario e pionieristico, se non addirittura irrazionale e utopico. E si sa, sui mercati finanziari una brezza marina si trasforma in un attimo in uno tsunami devastante. Sia al rialzo sia al ribasso, a seconda che sia l'avidità o la paura la protagonista della scena.

Questi due sentimenti, che rappresentano i due volti indiscussi della stessa medaglia si alternarono spettacolarmente in quegli anni. La febbre della "rivoluzione Internet" sembrava inarrestabile e pareva non risparmiasse nessuno. Startup, investitori e imprenditori prima e, successivamente, investitori istituzionali, banche e fondi di investimento, fino ad arrivare al pubblico e ai mass media. E i titoli, spinti da continui e ingenti acquisti, volavano in borsa. In quei momenti, in quei frangenti, tutto era possibile. Non era necessario essere un visionario o uno smanettone tecnologico ("nerd"), un investitore spregiudicato o un banchiere molto informato. Bastava semplicemente fare clic, comprare il biglietto e salire sul treno. Chiunque ci poteva riuscire, chiunque lo poteva fare.

E fu così che, in pochissimo tempo, assistemmo a veri e propri miracoli finanziari. Dalla notte al giorno nacquero i "nuovi milionari di Internet", e questo non fece altro che alimentare una spirale in cui tutti volevano investire nei titoli tecnologici con il miraggio di diventare anch'essi milionari nottetempo, finché l'incantesimo non si spezzò e il mercato non si avvitò drammaticamente su sè stesso.

La conta finale fu durissima, migliaia di persone finirono in bancarotta, centinaia furono le startup che fallirono e non si contano i miliardi di dollari andati in fumo. Ma questa, come ben sappiamo, è storia. Storia di quella che può essere ricordata come una delle più spettacolari e inarrestabili salite dei mercati finanziari, trainati dalle società "Dot-com", cui seguì un'altrettanto spettacolare e rovinosa caduta che portò gli indici al minimo storico di dieci anni prima. La storia di un successo annunciato e di un fallimento dichiarato. Ma anche la storia di un mondo cambiato per sempre da quella tecnologia. E va da sé che le società che sopravvissero a quel crollo, oggi dominano il mondo, basti pensare ad Amazon, Google e Apple.

Ma torniamo a quell'estate bollente del 2008. È il 18 agosto del 2008 e i mercati finanziari stanno di nuovo collassando. Come nel 2000, il panico regna sovrano e gli indici si sciolgono come neve al sole. A distanza di tempo si scoprì che le cause di tale collasso furono imputabili allo scoppio dell'ennesima bolla, creata artificiosamente dalle banche, nella più grande truffa immobiliare mai realizzata prima nel mercato americano, truffa che produsse un devastante effetto domino in tutto il mondo. Titoli tossici contenenti mutui "subprime" furono cartolarizzati dalle banche e, probabilmente, con la complicità di società di rating, autorità e istituzioni, furono venduti ai cittadini fondi pensione – perfino a Stati esteri e a Comuni – con la garanzia che fossero solvibili. Tanto il sistema non può crollare. Perché il sistema siamo "noi" pensavano le banche, e fino a quando la "fiducia" rimane, il gioco continua.

Perché vi raccontiamo tutto questo? Perché la parola "fiducia" sarà la parola chiave per comprendere il fenomeno Bitcoin. Un proverbio molto popolare sentenzia: "Fidarsi è bene, non fidarsi è meglio". E probabilmente, mosso proprio da questa convinzione, un certo Satoshi Nakamoto registrò il dominio Internet "bitcoin.org". Era il 18 agosto del 2008 e oggi, a distanza di dieci anni, ancora non sappiamo chi sia stato il creatore del protocollo Bitcoin, l'ideatore di un documento che il 31 ottobre dello stesso anno venne presentato al mondo sotto il nome di "Bitcoin: a Peer-to-Peer Electronic Cash System". Tale documento, di appena nove pagine, può essere considerato la pietra miliare di una rivoluzione in cui per la prima volta venne messo in discussione il concetto stesso di "fiducia", che da quel momento in poi non sarà mai più lo stesso.

Il 9 novembre 2008, il progetto Bitcoin venne registrato su SourceForge.net, una piattaforma open-source di collaborazione tra sviluppatori di codice. Fu questo il punto di partenza di una rivoluzione silenziosa basata su valori quali l'apertura (open source *vs.* copyright), la collaborazione (peer to peer *vs.* team chiuso) e la decentralizzazione (centralità *vs.* distribuzione). Con il Bitcoin tutto è cambiato. È stata scardinata la tradizionale architettura centralizzata, che ha da sempre dominato il sistema economico e finanziario, per passare a un'architettura decentralizzata e distribuita. Un cambio epocale.

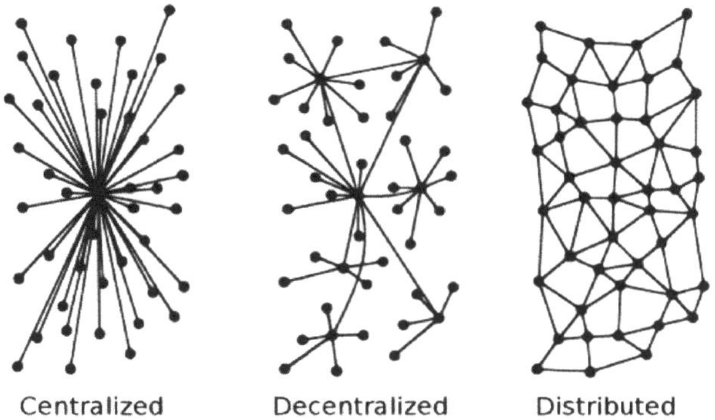

FIGURA I.1 – Il cambio epocale dell'architettura da centralizzata a decentralizzata e distribuita.

Quali traguardi il protocollo Bitcoin e i suoi fratelli decentralizzati (Ethereum, Iota, Cardano, Eos, giusto per fare degli esempi) potranno tagliare ce lo dirà solo il tempo: l'unica certezza è che siamo di fronte a un cambiamento epocale e probabilmente irreversibile. Il concetto di centralizzazione e fiducia è oggetto di revisione, nuove e inimmaginabili soluzioni stanno venendo a galla, sostenute dal lavoro di piccole startup. Che sia l'inizio di una nuova era, più democratica e trasparente? O si tratta solo dell'ennesimo passaggio di potere tra mani forti? Scoprirlo non è certamente lo scopo che si prefigge questo libro ma ci piace lasciare degli interrogativi aperti per stimolare il lettore a ricercare la propria verità.

PARTE 1

Bitcoin: da sogno a realtà

a cura di Davide Capoti

La rivoluzione non è qualcosa legato all'ideologia,
né una moda di una particolare decade.
È un processo perpetuo insito nello spirito umano.

Abbie Hoffman

CAPITOLO 1

Le intenzioni di Satoshi Nakamoto

A distanza di dieci anni dalla sua creazione, per spiegare che cos'è il Bitcoin non ci addentreremo in analisi di crittografia o in complessi calcoli matematici, piuttosto ci limiteremo a prenderne la definizione dallo stesso paper di Satoshi Nakamoto, per capire direttamente dalle sue parole quale fosse lo scopo della sua creazione.

E in effetti basterebbe tradurre il titolo e le prime due righe dell'introduzione per capire cosa Satoshi Nakamoto avesse in mente.

> Bitcoin: "Un sistema di moneta elettronica peer-to-peer."
>
> "Una versione puramente peer-to-peer di denaro elettronico che permetterà di effettuare direttamente pagamenti online da un'entità a un'altra senza passare tramite un'istituzione finanziaria."

Già nel titolo il riferimento è chiaro: lo scopo del suo progetto era creare una "moneta elettronica", un sistema di pagamento per inviare e ricevere denaro senza frapporre intermediari finanziari.

L'intenzione di Satoshi era quella di creare un'alternativa al funzionamento tradizionale del sistema finanziario, grazie alla tecnologia Bitcoin.

Tizio e Caio avrebbero potuto scambiare denaro tra loro senza aver bisogno di un terzo garante, in questo caso una banca.

Veniva a cadere quel vincolo di "fiducia" con l'istituto di credito, necessario fino ad allora per poter emettere o ricevere un pagamento.

Che tempismo potremmo dire!

Ci trovavamo nel bel mezzo della più grande crisi di fiducia del sistema finanziario, causa diretta del collasso dei mercati finanziari, ed ecco che dal nulla era sbucato un "tale" che sotto uno pseudonimo giapponese presentava una soluzione che permetteva di superare il centenario problema della "fiducia" concessa a un terzo nell'emissione/ricezione di un pagamento, in favore di una ben più certa e sicura prova crittografica.

Un estratto integrale direttamente dal paper afferma:

> "Il commercio su Internet fa affidamento quasi esclusivamente sulle istituzioni finanziarie che servono come terze parti di fiducia per elaborare i pagamenti elettronici. Nonostante il sistema funzioni abbastanza bene per la maggior parte delle transazioni, esso soffre ancora delle debolezze intrinseche di un modello basato sulla fiducia. Transazioni totalmente irreversibili non sono realmente possibili, dal momento che le istituzioni finanziarie non possono evitare le dispute di mediazione. Il costo dell'intermediazione aumenta i costi di transazione, limitando la dimensione minima delle transazioni praticabili ed escludendo la possibilità di piccole transazioni occasionali, e c'è un costo più ampio collegato alla perdita della capacità di effettuare pagamenti irreversibili per quei servizi che sono anch'essi irreversibili. Con la possibilità di "reversibilità", si diffonde la necessità di fiducia. I commercianti devono diffidare dei loro clienti, tormentandoli con maggiori richieste di informazioni rispetto a quanto non sarebbe altrimenti necessario. Una certa percentuale di frodi è accettata come inevitabile.
>
> Tali costi e le incertezze di pagamento possono essere evitati utilizzando moneta fisica di persona, ma non esiste alcun meccanismo per effettuare pagamenti attraverso un mezzo di comunicazione senza un'entità di fiducia.
>
> È dunque necessario un sistema di pagamento elettronico basato su una prova crittografica invece che sulla fiducia, che consenta a due controparti qualsiasi di negoziare direttamente tra loro senza la necessità di una terza parte di fiducia."

Ed è qui che Satoshi introduce il concetto di "peer to peer".

I Bitcoin per funzionare necessitano di una forma di collaborazione tra "peers" o, più semplicemente, di una comunicazione *peer-to-peer*, simile a quella utilizzata, per esempio, per scaricare e condividere i file online (BitTorrent).

Ogni computer diventa un nodo della rete alla pari con gli altri, senza la necessità di un nodo centrale.

Ogni utente che detiene un nodo Bitcoin è connesso con tutti gli altri e detiene una copia di quello che può essere considerato come un libro mastro digitale – cioè un documento in cui sono contenuti tutti i conti di un sistema contabile – chiamato blockchain (catena di blocchi).

Nella blockchain sono registrate tutte le transazioni di tutti gli utenti a partire dal 3 gennaio 2009, quando vede la luce il primo blocco Bitcoin (il cosiddetto "Genesis Block").

Vengono per la prima volta generati 50 Bitcoin.

Quindi è la blockchain a sostituirsi al compito normalmente svolto da un istituto bancario: prelevare dal conto dell'utente Tizio la quantità di moneta richiesta da Tizio stesso e inviarla all'amico Caio, assicurandosi che Tizio non possa spendere più soldi di quanti, in realtà, ne possegga.

> "Le transazioni che sono computazionalmente impraticabili da invertire proteggerebbero i venditori dalle frodi, e meccanismi consuetudinari di deposito di garanzia potrebbero essere facilmente implementati per proteggere gli acquirenti."

> "In questo primo lavoro, proponiamo una soluzione al problema della doppia spesa, utilizzando un server di marcatura temporale distribuito peer-to-peer per generare la prova computazionale dell'ordine cronologico delle transazioni.
>
> Il sistema è sicuro fintanto che i nodi onesti controllano collettivamente più potenza CPU rispetto a qualsiasi gruppo collaborativo di nodi attaccanti."

Questo meccanismo, che appare in prima battuta molto complesso da digerire, è il cuore della soluzione trovata da Satoshi per risolvere il problema della verifica sulle transazioni economiche eseguite online, affinché siano regolari senza che sia necessaria la presenza di un'autorità centrale per certificarne l'autenticità.

Risolvere il problema del "double spending" voleva dire, in parole povere, garantire che i destinatari dei pagamenti non imbrogliassero i mittenti, negandone le transazioni, o che i mittenti pagassero con denaro che in realtà non possedevano.

Ma cerchiamo di capire meglio come funziona questo processo di verifica delle transazioni. Nella blockchain Bitcoin, i nodi validatori e i "miner" verificano tutte le transazioni: quando c'è un trasferimento di Bitcoin, questa transazione viene inserita in un blocco insieme ad altre migliaia di transazioni.

Tale blocco, per essere validato, sottopone un problema crittografico a tutti i dispositivi collegati.

Per risolvere questo problema, è necessaria una grande potenza di calcolo: maggiore sarà tale potenza (hash rate) maggiori saranno le possibilità di risolvere il quesito. Quesito che non necessita di essere risolto da tutti i miner, ma basta solo che un miner trovi una soluzione "logica" a tale problema e sottoponga la soluzione a tutti i computer della rete che, a quel punto, non dovranno far altro che confermarla.

Ovviamente per il miner che per primo trova una soluzione al problema c'è una ricompensa.

Indovinate in cosa consiste? Appunto, in Bitcoin.

Circa sei volte l'ora viene creato un nuovo "blocco" di transazioni confermate, che viene aggiunto alla blockchain in ordine temporale.

Una transazione su Bitcoin, quindi, è registrata soltanto quando è effettivamente avvenuta, ed è registrata nell'unico posto che tiene il conto di quanti Bitcoin esistono e a chi appartengono, appunto la blockchain stessa.

Tale meccanismo impedisce che gli utenti possano spendere più volte gli stessi Bitcoin, perché il fatto che siano già stati spesi è registrato sulla blockchain ed è consultabile in tempo reale da chiunque e in qualunque momento.

Imbrogliare questo sistema falsificando Bitcoin è molto complicato: a oggi quasi impossibile. Servirebbe il 51% di tutta la potenza globale del network per effettuare un attacco.

Ci sarebbe molto da dire anche su questo tema e su come la concentrazione del "mining" sia col tempo cambiata completamente.

Satoshi aveva concepito un paradigma basato sulla validazione delle transazioni grazie a una rete il più distribuita possibile (CPU).

Oggi, invece, grazie alla creazione di macchine "dedicate" al mining di criptovalute (Figura 1.1), tecnologie pensate e create solo per risolvere il problema crittografico alla base del protocollo Bitcoin, assistiamo a una concentrazione di potere nelle mani di una élite di miner cinesi, che di fatto controllano quasi il 51% di tutta la potenza globale (Figura 1.2).

Ma questo argomento da solo potrebbe costituire il tema centrale di un intero capitolo di un nuovo libro, che potremmo intitolare "Dal sogno di decentralizzazione di Satoshi all'incubo di centralizzazione cinese: il fallimento di una rivoluzione tecnologica".

Quanto costa minare 1 bitcoin?
In base al consumo medio di energia elettrica per paese

Dove è meno costoso				Dove è più costoso	
Venezuela	531 $	India	3.274 $	Germania	14.275 $
Trinidad e Tobago	1.190 $	Canada (Ontario)	3.965 $	Danimarca	14.275 $
Uzbekistan	1.788 $	Russia	4.675 $	Tuvalu	14.493 $
Ucraina	1.852 $	Stati Uniti	4.758 $	Tonga	14.671 $
Kuwait	1.983 $	Norvegia	7.784 $	Isole Marshall	14.751 $
Bielorussia	2.177 $	Francia	7.930 $	Isole Cook	15.861 $
Bangladesh	2.379 $	Regno Unito	8.402 $	Isole Salomone	16.209 $
Kazakistan	2.835 $	Giappone	8.723 $	Bahrein	16.773 $
Arabia Saudita	3.172 $	**Italia**	**10.310 $**	Niue	17.566 $
Cina	3.172 $	Spagna	11.103 $	Corea del Sud	26.170 $

Note: Il consumo di energia richiesto per minare un bitcoin è stato calcolato anche in base alla media di tre diversi hardware: AntMiner S7, AntMiner S9 e Avalon 6.
Fonte: International Business Times

INSIDER PRO

FIGURA 1.1 - Quanto costa minare il Bitcoin. *Fonte*: Business Insider Pro.

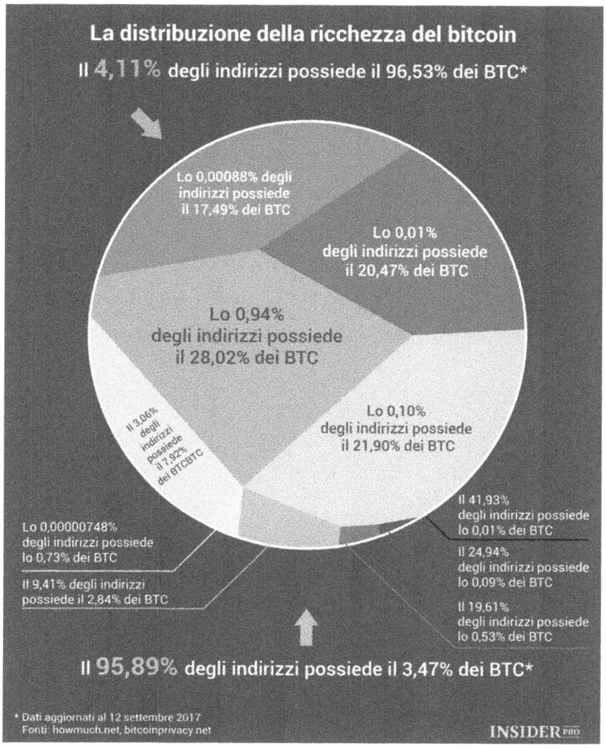

FIGURA 1.2 - Chi possiede i Bitcoin. *Fonte*: Business Insider Pro.

Tornando a noi, e cercando di concludere questa parte esplicativa sul funzionamento del protocollo, è necessario aggiungere che tutte le transazioni Bitcoin avvengono "all'oscuro" delle persone davanti al computer: i proprietari di Bitcoin sono pseudo-anonimi e identificati soltanto da un codice, il loro wallet.

Ogni transazione (Figura 1.3) è identificata da una chiave pubblica – che identifica il ricevente e che è usata da tutti i dispositivi del sistema per verificare l'operazione – e da una chiave privata, che serve agli utenti coinvolti ad autorizzare la transazione.

Il 12 gennaio avviene la prima transazione Bitcoin (blocco 170).

Mittente: Satoshi Nakamoto. Destinatario: Hal Finney.

Block #0

BlockHash 000000000019d6689c085ae165831e934ff763ae46a2a6c172b3f1b60a8ce26f

Summary

Number Of Transactions	1	Difficulty	1
Height	0 (Mainchain)	Bits	1d00ffff
Block Reward	50 BTC	Size (bytes)	285
Timestamp	Jan 3, 2009 7:15:05 PM	Version	1
Mined by		Nonce	2083236893
Merkle Root	4a5e1e4baab89f3a32518a88c31bc...	Next Block	1

FIGURA 1.3 – La prima transazione in Bitcoin. *Fonte*: Blockchain.info.

Si è discusso molto di questa prima transazione e sul ruolo che ebbe Hal Finney nello sviluppo del protocollo Bitcoin.

Fu lui a creare il protocollo Bitcoin? E fu lui stesso a fare la prima transazione Bitcoin o fu solo il "destinatario" di tale transazione, di cui ancora oggi è anonimo il "mittente"?

Quello che di sicuro sappiamo è che Mr. Finney è conosciuto come uno dei coder originali del protocollo Bitcoin ed è stata la sua abilità di "debug" che ha permesso a Nakamoto di completare le prime transazioni con il suo algoritmo.

Finney ha dedicato tutta la sua vita a esplorare i confini del nostro mondo attraverso la tecnologia e tale proposito sembra lo abbia conservato anche dopo la sua morte, avvenuta il 28 agosto 2014.

Finney ha deciso di farsi ibernare, con l'intenzione di farsi rianimare in futuro.

Finney è morto di complicazioni da SLA (la malattia di Lou Gehrig) e le sue speranze sono riposte sia in una cura per la SLA sia in una rianimazione di successo.

Forse Finney si risveglierà tra 20/30/100 anni, quando verrà trovata una cura per la SLA e in un mondo dominato dalle criptovalute?

Nel wallet originale di Satoshi Nakamoto, sembra che ci siano 1.148.800 Bitcoin, che a oggi valgono circa 10 miliardi di dollari americani.

Se fosse davvero lui il creatore, di certo al suo futuro risveglio potrebbe essere uno degli uomini più ricchi e potenti del mondo.

Sempre che lui – o chi per lui – abbia fatto un "backup" della propria chiave privata di quel wallet.

Sì, proprio così...

Infatti, persa la chiave privata, si può dire addio ai propri Bitcoin: è successo, anche con somme da milioni di dollari.

Famoso è il caso di James Howells che dopo aver minato 7.500 Bitcoin nel 2009 ha smantellato l'hard disk del suo vecchio laptop e per errore l'ha gettato nell'immondizia.

Il cambio a oggi ci racconta di circa 75 milioni di dollari buttati nell'immondizia e che James sta cercando in lungo e largo in tutte le discariche americane.

A questo proposito è interessante ricordare il primo acquisto online tramite Bitcoin.

Il 22 maggio, per diecimila Bitcoin o 0,005 dollari a Bitcoin (in quel momento pari a 50 dollari) un certo "Laszlo Hanyecz" compra un paio di pizze.

Da quel giorno, ogni anno, il 22 maggio verrà celebrato come il "Pizza-Bitcoinday".

Ma pagare una transazione online sembrava non bastasse.

Serviva creare un mercato di scambio vero e proprio, e il 17 luglio 2010 viene creato il famigerato "MtGox".

Prima di sparire nel nulla, con un wallet da 1.000.000 di Bitcoin circa, Satoshi consegnerà le "chiavi" del Bitcoin protocol (e non del suo wallet) a Gavin Andresen, che da quel momento diventerà il punto di riferimento di tutta la blockchain community e il lead developer della Bitcoin Foundation.

Ma sebbene del suo fondatore non si avrà più notizia, la fama del Bitcoin continuerà a crescere nel tempo, tanto che anche Wikileaks e il suo fondatore Assange nel giugno del 2011 daranno notizia al mondo dell'utilizzo della tecnologia Bitcoin per ricevere sovvenzionamenti, dopo il blocco governativo di tutti i loro conti.

Da lì a pochi mesi, il valore del Bitcoin raggiungerà 1 dollaro e la stampa inizierà a parlarne, come testimonia lo speciale di "Time" dedicato alla criptovaluta più famosa di sempre.

E questa iniziale fama porterà anche l'interesse degli hacker, tanto che il primo "furto" verrà segnalato dall'utente "allinvain" che dichiarerà di essere stato derubato di ben 25.000 Bitcoin (l'equivalente oggi di circa 135 milioni di euro!)

Ormai gli argini sono rotti e da quel momento gli attacchi continueranno uno dopo l'altro.

Il 19 giugno il database di MtGox viene violato.

Gli utenti interessati sono 60.000; i loro dati cadono in mano agli hacker, e vengono sottratti indirizzi mail e password.

Nello stesso giorno un hacker sconosciuto si introduce nell'account amministrativo di MtGox e invia migliaia di Bitcoin falsi, provocando così un crollo del tasso di cambio della criptovaluta: da 17,5 dollari a moneta a 1 centesimo.

Il panico domina sui mercati tanto da costringere MtGox alla sospensione delle contrattazioni stesse, che riprendono solo una settimana dopo. Inoltre, lo stesso giorno vengono rubati migliaia di Bitcoin dai conti degli utenti.

Ma la storia del Bitcoin, tra alti e bassi, continuerà inarrestabile.

Migliaia di utenti iniziano ad amarne e abbracciarne la tecnologia e il cambiamento, legato alla decentralizzazione, all'idea di libertà e indipendenza.

E, nel 2012, nasce la Bitcoin Foundation, per accelerare la crescita e l'utilizzo di tale tecnologia. Gavin Andresen, Jon Matonis, Patrick Murck, Charlie Shrem e Peter Vessenes sono volti noti tra i developer.

Ma intorno a loro iniziano a muoversi anche le aziende.

Nell'ottobre del 2012 Bitpay comunica di avere raggiunto accordi commerciali con più di mille aziende per permettere al consumatore finale il pagamento in Bitcoin in tutta l'America. Coinbase, un Exchange americano finanziato da Venture Capitalist con 140 milioni di dollari, comunicherà di aver processato 1 milione di dollari di controvalore di Bitcoin in un singolo mese.

Da lì a pochi mesi, il 28 marzo del 2013, il Bitcoin raggiungerà la storica cifra di 1 miliardo di dollari di capitalizzazione e, solo pochi giorni dopo, i 100 dollari di prezzo.

Ma le cattive notizie non tardano ad arrivare.

Nel giro di pochissimo tempo 26.000 Bitcoin sono sequestrati all'interno di Silk Road, il più grande sito presente nel "dark web" dove il Bitcoin viene utilizzato per comprare armi, droghe e altri generi di attività illegali.

Il suo fondatore, Ross William Ulbricht, meglio conosciuto come "Dread Pirate Roberts" viene arrestato dall'FBI.

Si tratta di un durissimo colpo per l'ecosistema Bitcoin, perché proprio una delle caratteristiche principali del suo protocollo (lo pseudo-anonimato) viene sfruttata da criminali di tutto il mondo per svolgere attività illegali.

Tuttavia, il prezzo del Bitcoin passerà in poche settimane da 100 dollari al massimo storico di 1.165 dollari, battuto su MtGox.

Quello è stato il punto più alto raggiunto dal Bitcoin per molto tempo a seguire (Figura 1.4).

Sebbene la rottura psicologica dei 1.000 dollari sembrasse il trampolino di lancio per continuare a macinare nuovi record storici, così non è stato, perché un colpo durissimo si preparava all'orizzonte.

All'inizio di febbraio 2014, MtGox, sospende i prelievi a causa di problemi tecnici.

FIGURA 1.4 – La storia recente del Bitcoin. *Fonte*: Coindesk.

Da lì a fine mese, MtGox presenta tristemente istanza di protezione in caso di bancarotta in Giappone, comunicando la notizia del furto di circa 744.000 Bitcoin.

Si tratta del più grande furto della storia delle criptomonete e il suo fondatore viene arrestato dalla polizia giapponese e accusato di frode nei confronti di migliaia di investitori.

A oggi, a distanza di cinque anni da quel giorno, non è stato accertato chi sia stato il vero responsabile di tale frode, se il fondatore Mark Karpelès o se davvero si è trattato di un hackeraggio informatico alla sua piattaforma.

Sta di fatto che recentemente un giudice ha stabilito che Karpelès debba restituire ai creditori che si sono costituiti parte civile il controvalore del suo debito al valore di 400 dollari a Bitcoin, ben lontano dal valore attuale di un Bitcoin (circa 9.000 dollari al momento della stesura di questo capitolo).

Tornando alla storia, il prezzo del Bitcoin continuerà a scendere vorticosamente (Figura 1.5), travolto dallo scandalo MtGox e dalla perdita di fiducia degli investitori, fino ad arrivare a toccare un minimo di circa 150 dollari nel gennaio del 2015, livello che può essere ricordato come il punto più basso della storia delle sue quotazioni.

Ecco, se guardiamo indietro a quel momento, quella è stata la più grande occasione di acquisto degli ultimi cinque anni.

FIGURA 1.5 - I crash del Bitcoin dal 2009 a oggi. *Fonte*: CoinTelegraph.

Il valore del Bitcoin nei successivi anni non farà altro che salire (Figura 1.6), raggiungendo faticosamente prima i 1.165 dollari, grazie anche alle crisi politiche avvenute in Grecia prima e Cipro poi, toccando il massimo storico precedente al fallimento di MtGox e poi salendo sempre più in alto, verso le stelle.

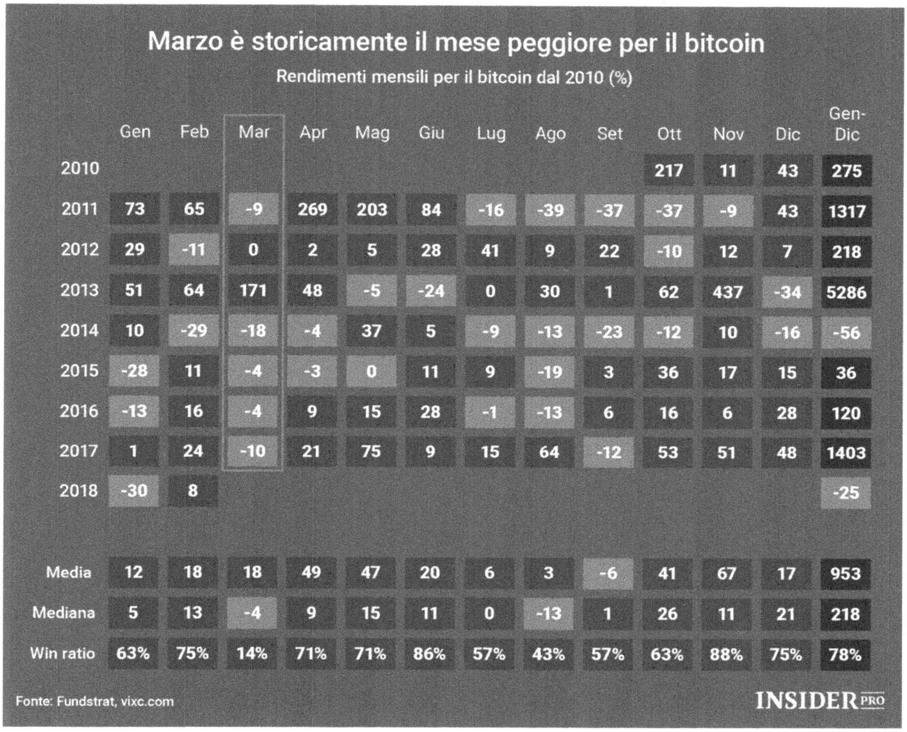

	Gen	Feb	Mar	Apr	Mag	Giu	Lug	Ago	Set	Ott	Nov	Dic	Gen-Dic
2010										217	11	43	275
2011	73	65	-9	269	203	84	-16	-39	-37	-37	-9	43	1317
2012	29	-11	0	2	5	28	41	9	22	-10	12	7	218
2013	51	64	171	48	-5	-24	0	30	1	62	437	-34	5286
2014	10	-29	-18	-4	37	5	-9	-13	-23	-12	10	-16	-56
2015	-28	11	-4	-3	0	11	9	-19	3	36	17	15	36
2016	-13	16	-4	9	15	28	-1	-13	6	16	6	28	120
2017	1	24	-10	21	75	9	15	64	-12	53	51	48	1403
2018	-30	8											-25
Media	12	18	18	49	47	20	6	3	-6	41	67	17	953
Mediana	5	13	-4	9	15	11	0	-13	1	26	11	21	218
Win ratio	63%	75%	14%	71%	71%	86%	57%	43%	57%	63%	88%	75%	78%

FIGURA 1.6 - L'andamento mese per mese del Bitcoin, a partire dal 2010. *Fonte*: Business Insider Pro.

Durante questa inarrestabile ascesa, il Bitcoin aveva ormai fatto innamorare di sé anche i più scettici.

Istituzioni, banche centrali, politici, mass media, non facevano altro che parlare di Bitcoin e blockchain, nel mondo dei Venture Capitalist non vi era altro interesse se non quello legato alle cryptocurrency e alla tecnologia blockchain, pronta a rivoluzionare il mondo.

La Silicon Valley stava pompando l'ascesa di una tecnologia e di un interesse simile a quello di Internet negli anni 1995-2000.

Le maggiori società tecnologiche del mondo hanno investito sulla blockchain negli anni, e continuano a farlo anche oggi, sempre più convinte delle potenzialità rivoluzionarie di tale tecnologia.

CAPITOLO 2

Ethereum: fratello "coltello"

All'ombra del protocollo Bitcoin, nella calma di un piccolo pub di Toronto, nel novembre del 2012, stava nel frattempo per nascere Ethereum, a oggi la seconda blockchain più importante, nata dalla mente di un giovanissimo ragazzino russo, Vitalik Buterin.

Ma è Anthony Di Iorio, noto imprenditore, ad accendere la scintilla grazie all'organizzazione di un meetup incentrato sulle criptovalute e giustappunto sui Bitcoin.

Ed è lì che per la prima volta e poi nelle successive riunioni si presenterà Vitalik, già conosciuto nel mondo Bitcoin come il fondatore di Bitcoin Magazine, un newspaper realizzato per parlare di crittografia, Bitcoin e decentralizzazione.

Da lì a poco Vitalik lascia il lavoro per dedicarsi a tempo pieno alla realizzazione e stesura degli articoli del Bitcoin Magazine. Ma più ci lavora e meno sembra soddisfatto del risultato finale.

Pensa che il protocollo Bitcoin abbia aperto la strada a una vera rivoluzione, rendendo possibile inviare denaro in tutto il mondo senza tasse, banche o governi – ma che tutto ciò non basti ancora.

Vitalik Buterin vuole andare oltre, vuole applicare l'idea di decentralizzazione a tutto il resto, non solo alle transazioni finanziarie. Aveva trovato il modo di inaugurare il Web 3.0, la versione decentralizzata di Internet, le cui applicazioni avrebbero reso le persone ancora più libere e sicure.

Tramite Ethereum, un pescatore potrebbe monetizzare un contratto di assicurazione che ha promesso di pagargli un certo importo nel caso in cui condizioni climatiche avverse rendessero impossibile la pesca.

Il conducente di una macchina a noleggio potrebbe collegarsi con il suo smartphone e avviare l'accensione tramite un'applicazione, pagare la quota giornaliera e poi sbloccare o avviare la macchina una volta scaduto il contratto di noleggio.

Le persone potrebbero guadagnare denaro affittando i propri dischi rigidi per un servizio di storage cloud decentralizzato come Dropbox, o affittare la propria casa senza usare AirBnb o Booking oppure acquistare su Amazon in maniera decentralizzata.

Alla base di tale tecnologia ci sono gli "smart contract", una tecnologia non presente nel protocollo Bitcoin, che allora si riduceva a essere una mera valuta.

Ethereum invece si propone come una piattaforma per dare la possibilità a chiunque ne sia capace di creare applicazioni decentralizzate che diano vita ad aziende decentralizzate (DAO), animate da un'idea di libertà e sicurezza.

Elimina il problema del "trust", della fiducia, non solo in una transazione finanziaria ma in qualsiasi attività in cui due parti vengano a cooperare, eliminando la necessità di fiducia di una singola società, persona o governo per mantenere sicure quantità enormi di denaro e dati.

Vitalik Buterin è nato a Kolomna, Russia, un'antica città 100 chilometri a sud di Mosca. I suoi genitori si trasferiscono a Toronto nel 1999, poco prima che Vitalik compia sei anni.

Vitalik è sempre stato un ragazzo speciale, racconterà successivamente il padre: all'età di quattro anni giocava già con i computer e con Excel.

Suo padre, Dmitry Buterin, ricorda che suo figlio aveva scritto un complesso documento chiamato l'Enciclopedia dei Conigli già a sette anni.

"Di base, si era inventato questo universo popolato dai conigli, ma governato da strette formule" ha detto Dmitry, informatico professionista che ha recentemente fondato un incubatore per startup blockchain chiamato Blockgeeks Lab. "Era tutto pieno di matematica, grafici e calcoli."

Nel novembre 2013 Buterin pubblica il white paper di Ethereum e mette insieme un piccolo team solo qualche settimana dopo.

Il team include Di Iorio, il co-founder di Bitcoin Magazine Mihai Alisie, Amir Chetrit (con cui aveva lavorato in Israele a un progetto Bitcoin chiamato ColoredCoins) e Charles Hoskinson, un matematico americano che ha fondato un'iniziativa per rendere mainstream Bitcoin, chiamata Bitcoin Education Project.

Anthony Di Iorio è stato uno dei primi entusiasti per Bitcoin e uno dei primi eccitati per Ethereum.

Ma a lui si uniscono presto molti altri investitori interessati nel corso degli anni.

A prima vista, racconterà Di Iorio, gli investitori non avrebbero mai affidato i loro soldi e la loro totale fiducia a un giovane di diciannove anni, la cui sola esperienza imprenditoriale consisteva nella gestione di una rivista dalla casa dei genitori.

Vitalik Buterin, infatti, non corrispondeva assolutamente allo stereotipo del tipico uomo d'affari, ma a un altro altrettanto allettante: un teenager nerd con un'idea miliardaria. La prospettiva di investire nel prossimo Steve Wozniak o Mark Zuckerberg era molto attraente.

Durante una conferenza notturna, Buterin parla di Ethereum e della sua idea di decentralizzare il mondo, indossando una maglietta nera con il logo di Ethereum e parlando in modo molto intenso.

Riceve una standing ovation e viene accolto da una serie di persone che lo aspettano per parlargli mentre esce dalla sala.

Il suo status di profeta è ormai stato stabilito ufficialmente. Sembra proprio che sia nata una stella.

L'aumento esponenziale dell'interesse intorno al progetto Ethereum porterà Vitalik a prendere la decisione di allargare il team, inserendo ufficialmente altri tre fondatori: Wood, Lubin e lo sviluppatore Jeff Wilcke.

CAPITOLO 3

ICO o non ICO: questo è il problema

Il 30 luglio 2015 viene lanciata la prima ICO (Initial Coin Offering) su piattaforma Ethereum e viene offerta una criptovaluta chiamata Ether, che sarebbe stata il "fuel" necessario per creare e far girare tutte le successive applicazioni decentralizzate.

11,9 milioni di coin Ether rimarranno nelle mani dei fondatori (circa il 10%) e il restante flottante verrà distribuito sul mercato in cambio di valuta fiat (dollari, euro) necessari a finanziare il progetto Ethereum.

Con Bitcoin che valeva al tempo 600 dollari, ogni Ether valeva 0,30 dollari.

La crowd sale durerà 42 giorni, in riferimento a "la risposta alla vita, all'universo e a tutto" dal libro di Douglas Adams, *The Hitchhiker's Guide to the Galaxy*. Alla fine, Ethereum raccoglierà più di 31.000 Bitcoin, o 18,4 milioni di dollari.

Ether è stato creato come token funzionale alle persone che usano Ethereum, non è una valuta come Bitcoin o un reale asset come l'oro.

Nel giro di tre anni Ethereum avrebbe raggiunto un valore di 41 miliardi di dollari, ovviamente senza farsi mai mancare scandali, hackeraggi e problemi interni al team.

Nel 2016 il progetto DAO (Decentralized Autonomous Organization) raccoglie tramite ICO circa 150 milioni di dollari e più di 11.000 persone investono nel progetto.

Ma solo due mesi dopo, alcuni hacker sfruttano un "bug" nel codice, riuscendo a rubare più di 60 milioni di dollari.

Di certo, non era un bel modo di iniziare. La fondazione Ethereum decide allora di "forkare" per invalidare il codice e salvare i soldi di migliaia di risparmiatori.

Il progetto da lì a poco finirà nel dimenticatoio e tutti i possessori di DAO hanno potuto convertire i loro risparmi in un controvalore in ETH.

Da questo primo e non ultimo incidente nascerà ETC, uno split della blockchain Ethereum.

Il termine "blockchain" sarebbe stato molto più di una buzzword aziendale e le più grandi aziende e istituzioni finanziarie del mondo avrebbero sperimentato la tecnologia di Buterin.

Buterin, timido e impacciato, sarebbe stato riconosciuto come un profeta tecnologico, al pari dei suoi illuminati colleghi fondatori di marchi come Google, Facebook e Amazon.

CAPITOLO 4

Un'ICO tira l'altra: breve cronistoria delle ICO di successo

Le Initial Coin Offering (ICO) sono esplose nel 2017. Migliaia di cripto investitori hanno iniziato a riversarsi sul mercato delle ICO e una nuova e inarrestabile moda sembrava aver preso piede.

Forse era questa la killer app che si stava tanto aspettando per lanciare la piattaforma Ethereum?

La troppo recente storia delle ICO e l'incertezza normativa non ci permettono di asserirlo con sicurezza ma è certo che mai prima di allora un fenomeno come la raccolta fondi su Internet aveva avuto tanto successo, surclassando fenomeni come il Funding tramite Venture Capital o piattaforme popolari come Kickstarter.

Nel settembre del 2017, una startup denominata Filecoin, con l'obiettivo di creare un servizio di archiviazione file, tipo Google cloud o Dropbox, ma decentralizzato, raccoglie l'astronomica cifra di 257 milioni di dollari!

La più grande raccolta di sempre sembrerebbe, se non fosse che dopo poco tempo, questo record è stato polverizzato da Telegram, la famosissima chat che permette comunicazioni criptate tra utenti, che in poche settimane ha raccolto nel giro di due round la fantascientifica somma di 1,7 miliardi di dollari!

E sembra che potrebbe arrivare a 2,5 miliardi nel giro di qualche altra settimana.

Ma come è stato possibile raggiungere cifre così importanti?

A giugno del 2017 una startup denominata BAT raccoglie 35 milioni di dollari in trenta secondi: il progetto ha come fondatore il creatore del browser Brave e del protocollo JavaScript, non proprio uno sconosciuto nel mondo IT.

Ma di lì a poco altre due startup riescono a fare ancora meglio: Bancor e Tezos raccolgono rispettivamente 150 milioni e 232 milioni di dollari in pochissimi giorni!

I numeri che il mondo cripto sta facendo segnare sono incredibili.

All'inizio di ottobre 2017, nel corso dell'anno sono state effettuate vendite di monete ICO del valore di 2,3 miliardi di dollari, dieci volte in più rispetto a tutto il 2016.

A partire da novembre 2017, ci sono state circa 50 offerte al mese, oggi se ne contano almeno il triplo.

Entro la fine del 2017, tramite ICO sono stati raccolti capitali quasi quaranta volte più grandi di quelli raccolti nel 2016 (Figura 4.1), sebbene ammontassero ancora a meno del 2% del capitale raccolto dalle ICO.

Secondo Cointelegraph, nel 2017 le aziende hanno raccolto circa 6 miliardi di dollari tramite ICO. Il 37% di tale importo è stato effettuato da sole venti ICO.

Ma già nel febbraio 2018 si stimava che il 46% di tutte le ICO del 2017 avesse fallito.

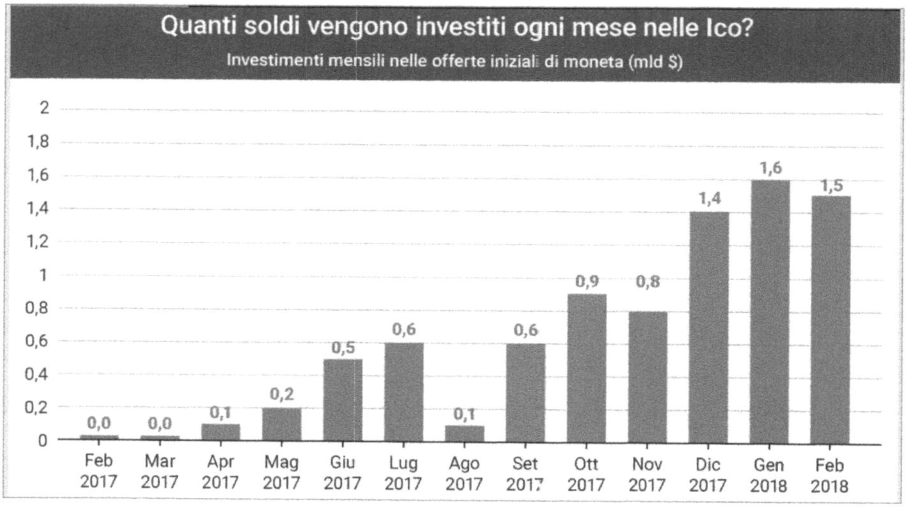

FIGURA 4.1 - La crescita esponenziale degli investimenti in ICO. *Fonte*: Business Insider Pro.

Ethereum è la principale piattaforma di blockchain per ICO, con una quota di mercato superiore all'80%. E la maggior parte della raccolta viene fatta in Ether, la valuta dell'ecosistema Ethereum.

I token sono generalmente basati sullo standard Ethereum ERC20, sebbene altre piattaforme con le medesime intenzioni si siano sviluppate successivamente, senza però mai raggiungere il successo di Ethereum, considerata a oggi il vero rivale del protocollo Bitcoin, se non in funzionalità, quanto meno in popolarità.

Ovviamente tali incredibili movimentazioni monetarie hanno suscitato l'interesse di "cracker" e individui con intenzioni malevole.

Secondo Cointelegraph, le ICO della rete Ethereum hanno portato a notevoli tentativi di phishing, schemi Ponzi e altre truffe, che rappresentano circa il 10% delle ICO.

Per arginare la "cripto-mania" e le possibili truffe ai danni dei propri utenti, il 30 gennaio 2018 Facebook ha vietato la pubblicità per le ICO, le criptovalute e le opzioni binarie. Entro il 9 aprile 2018, la pubblicità ICO è stata bandita non solo da Facebook ma anche da Twitter, Google e MailChimp (Figura 4.2).

Anche le piattaforme Internet cinesi Baidu, Tencent e Weibo hanno vietato le pubblicità di ICO mentre la giapponese Line e la russa Yandex hanno imposto divieti simili.

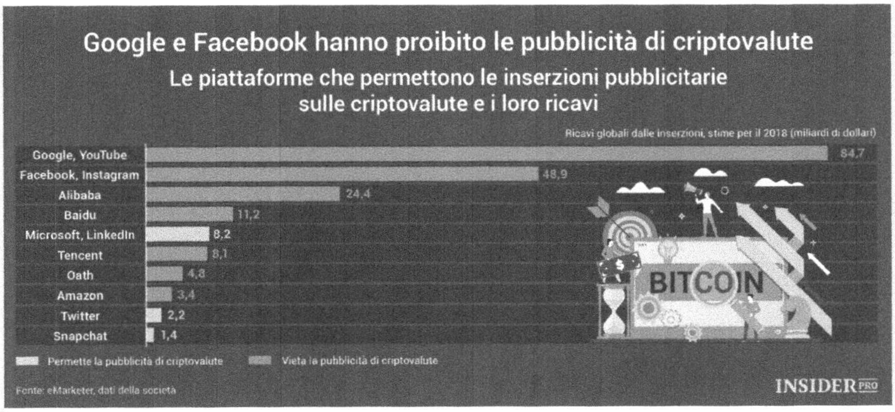

FIGURA 4.2 – Le piattaforme che consentono di fare pubblicità sulle criptovalute.
Fonte: Business Insider Pro.

CAPITOLO 5

Far West o Vangelo? Il problema della regolamentazione

La Securities and Exchange Commission (SEC) degli Stati Uniti ha avvertito gli investitori di fare attenzione ai truffatori che utilizzano le ICO per eseguire schemi di "pump and dump", in cui il truffatore raccoglie il valore di un'ICO per generare interesse e aumentare il valore delle monete, che poi rapidamente "scarica" per un profitto. Gli stessi sviluppatori possono essere colpevoli di tali tattiche.

La SEC ha anche riconosciuto che le ICO "possono offrire opportunità di investimenti equi e legali".

L'Autorità britannica di condotta finanziaria ha anche avvertito che le ICO sono investimenti ad alto rischio e speculativi, in alcuni casi sono truffe e spesso non offrono alcuna protezione per gli investitori. Anche nei casi di ICO legittime, i progetti finanziati sono in genere in uno stadio di sviluppo precoce e quindi ad alto rischio.

L'Autorità europea degli strumenti finanziari e dei mercati (ESMA) rileva gli elevati rischi associati alle ICO e il pericolo che gli investitori possano perdere tutto il loro denaro.

A seguito di un boom speculativo dei prezzi delle criptovalute, che ha raggiunto il picco a dicembre 2017, la regolamentazione sta cambiando rapidamente. Il ritmo del cambiamento è stato guidato in parte da incidenti di cybertheft, interruzioni commerciali e possibili manipolazioni del mercato.

Le criptovalute si basano su tecnologie di contabilità distribuita, che consentono a chiunque di acquistare o trasferire le proprie partecipazioni in criptovaluta a qualsiasi altra persona senza la necessità di un intermediario (per esempio uno scambio) o di aggiornare un record di proprietà centrale. Le criptovalute possono essere trasferite facilmente attraverso i confini nazionali e giurisdizionali. Ciò rende difficile per le autorità centrali controllare e monitorare la proprietà e il movimento delle partecipazioni di criptovalute.

I Paesi hanno approcci diversi al sistema di regolazione delle criptovalute. Questo può dipendere dalla natura della criptovaluta stessa.

Esistono due tipi principali di criptovalute da un punto di vista normativo: token di utilità e token asset-backed. I token di utilità possono avere valore perché consentono al titolare di scambiare il token per un bene o un servizio in futuro, come Bitcoin.

I token asset-backed possono avere valore perché esiste una risorsa sottostante a cui il detentore del token può attribuire valore. In molti Paesi è incerto se i token di utilità richiedano una regolamentazione, ma ciò è più probabile nel caso dei token asset-backed.

Ciò rende complesso per gli emittenti di criptovalute analizzare in quali Paesi i loro token (o monete) possono essere venduti e, per i potenziali acquirenti, capire quali normative, se esistenti, dovrebbero applicarsi.

La Commissione per i servizi finanziari del Territorio d'Oltremare Britannico di Gibilterra ha annunciato all'inizio di febbraio 2018 che sono in fase di elaborazione regolamenti per qualificare "sponsor autorizzati" di ICO, che dovrebbero essere "responsabili di assicurare la conformità con la divulgazione" e il rispetto delle "regole sui crimini finanziari".

PARTE 2

Fare Trading di Bitcoin

a cura di Alessandro De Lorenzo

Investire con successo significa anticipare le anticipazioni degli altri.

Jesse Livermore

CAPITOLO 6

Strumenti finanziari

Ci sono diversi strumenti utilizzabili per investire in criptovalute, ognuno dei quali presenta diversi livelli di rischio.

Per chi volesse comprare criptovaluta in ottica di lungo periodo, perché convinto della possibile rivoluzione determinata dalla tecnologia blockchain, la strada da seguire è sicuramente quella di comprare in modo "fisico". Questa alternativa consente di avere nel proprio portafoglio (wallet) le valute digitali e di esserne proprietario diretto. Vedremo nei capitoli successivi come portare a compimento l'acquisto e come mettere in sicurezza un wallet.

Una scelta del genere risulta essere meno adatta a chi, invece, volesse utilizzare le criptovalute come un asset di trading. Chi fa trading solitamente cerca di prendere profitto con strategie long e short sul mercato, ha bisogno quindi di strumenti che consentano di approfittare delle fasi rialziste e ribassiste. Comprare "fisicamente" espone, ovviamente, alle sole fasi rialziste.

L'industria finanziaria, visto il grande interesse, ha innovato la gamma dei propri prodotti introducendo dapprima i CFD (Contract For Difference), poi i Future e gli ETF. Questi tre strumenti consentono di seguire le performance del mercato Bitcoin senza imbattersi nelle difficoltà della gestione "fisica". Va comunque ricordato che le criptovalute vengono scambiate 365 giorni l'anno e 24 ore su 24; chi decidesse quindi di utilizzare strumenti derivati o ETF non potrà operare durante le feste o i fine settimana. Inoltre, se si decide di tenere posizioni in derivati o ETF durante i giorni festivi, ci si espone al rischio di mercato senza poter aggiustare il proprio portafoglio. La scelta migliore, quindi, è quella di operare direttamente sulle criptovalute dopo aver acquisito le necessarie competenze per il loro acquisto e la loro gestione in sicurezza. Per chi volesse utilizzare strumenti derivati, invece, consigliamo di affidarsi a primari broker con elevato standing reputazionale. Vediamo ora in dettaglio le caratteristiche di questi tre prodotti.

I CFD

CFD è l'acronimo di Contract For Difference, ovvero "contratto per differenza". In particolare, un CFD è un tipo di contratto in strumenti derivati in base al quale viene scambiata la differenza di valore di un certo titolo – o sottostante – nel nostro caso il Bitcoin, maturata tra il momento di apertura e di chiusura di un contratto.

La società emittente del CFD, pertanto, si impegna a pagare (o a trattenere) al cliente la differenza tra il prezzo del sottostante al momento dell'apertura della posizione e il prezzo al momento della chiusura. Questo strumento è scambiato su mercati Over The Counter (OTC), in cui la controparte diretta con cui si effettuano azioni di compravendita è un broker. Di conseguenza, il rischio di credito del CFD è il rischio associato all'affidabilità del broker stesso.

I CFD, essendo contratti diretti fra investitore e società che li quotano, non sono standardizzati, quindi ogni CFD, anche se sullo stesso sottostante, potrebbe differire in funzione della società che lo emette.

Ci sono quattro informazioni che, in linea generale, è necessario avere ben presenti quando si opera con i CFD:

- **Spread**: è la differenza massima fra prezzo di acquisto e prezzo di vendita dello strumento sul book di negoziazione. Solitamente non vengono fatte pagare commissioni su questo tipo di operatività, quindi lo spread rappresenta la commissione implicita richiesta dal broker. Maggiore è lo spread maggiore è la commisione.
- **Margine**: i CFD sono contratti in marginazione, quindi non richiedono l'intera copertura finanziaria per effettuare un'operazione. Il broker, per esempio, permette di aprire una posizione per un controvalore di 10.000 euro richiedendo un esborso di soli 2.000 euro. L'impegno di capitale iniziale è quindi il margine.
- **Leva finanziaria**: è il fattore moltiplicativo dell'intero controvalore della posizione.

- **Finanziamento overnight**: rappresenta il costo del finanziamento per operare in marginazione. Se, per esempio, apriamo una posizione da 10.000 euro con un margine di 2.000 euro, allora il broker applicherà un tasso di interesse passivo su un importo di 8.000 euro.

Facciamo un esempio per capire meglio il funzionamento dei CFD. Ipotizziamo di prendere una posizione rialzista sul cross Bitcoin/euro (BTC/EUR) al prezzo di 9.000 euro. Il margine richiesto è pari al 20% del controvalore, quindi dal nostro conto corrente verrà prelevata la somma di 1.800 euro a garanzia.

Se la leva finanziaria fosse pari a 5, allora a una variazione di 1 euro del Bitcoin corrisponderebbe un potenziale profitto o perdita pari a 5 euro. Se chiudessimo il CFD a 9.300 euro, avremmo un profitto di 1.500 euro. Viceversa, se lo chiudessimo a 8.600 euro, avremmo una perdita di 2.000 euro. Il tasso di finanziamento overnight è pari allo 0,05%, quindi, nel caso decidessimo di tenere la posizione aperta per più giorni, pagheremmo (9.000 - 1.800) × 0,05% ovvero 3,6 euro al giorno.

I FUTURE

I Future, molto simili nel loro funzionamento ai CFD, possono essere definiti come contratti derivati negoziati su mercati regolamentati, mediante i quali l'acquirente e il venditore si impegnano a scambiarsi una determinata quantità di una certa attività finanziaria a un prezzo prefissato e con liquidazione differita a una data futura prestabilita. Nella maggior parte dei casi, i Future non si concludono con la consegna fisica del bene sottostante ma vengono liquidati attraverso uno scambio di denaro determinato fra la differenza del prezzo di acquisto e il prezzo di vendita o di settlement qualora detenuti fino a scadenza.

A differenza dei CFD, i Future sono contratti standardizzati e sono scambiati su mercati regolamentati. La controparte di un contratto Future non sarà un broker ma una cassa di compensazione, riducendo notevolmente il rischio di credito legato allo strumento.

Il primo Future sul Bitcoin è stato lanciato il 10 dicembre 2017 dal CBOE (Chicago Board Options Exchange), una settimana dopo è stata la volta del CME (Chicago Mercantile Exchange). Molto interessante è studiare la dinamica di prezzo nei giorni prima del lancio del Future. Come si può osservare nella Figura 6.1, nei primi 10 giorni di dicembre il prezzo è salito da 8.000 a 12.000 euro, pari a un incremento del 50%. Solo sette giorni dopo il lancio del Future, il 17 dicembre, il Bitcoin toccava il suo massimo storico oltre i 16.300 euro.

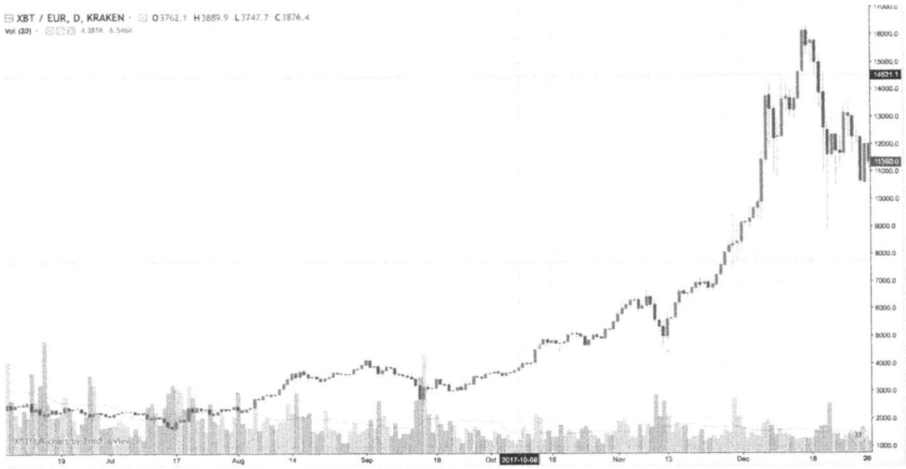

FIGURA 6.1 - La salita esponenziale di fine 2017 del Bitcoin (in euro). *Fonte*: TradingView.

Dopo il massimo storico, il Bitcoin e il mercato delle criptovalute nel loro complesso hanno visto una correzione sostanziale che ha portato i prezzi a contrarsi di oltre il 50%. Una parte di questa correzione può essere imputata all'introduzione del Future sul Bitcoin poiché ha consentito a parte degli operatori istituzionali, come banche d'affari e hedge fund, di entrare sul mercato e assumere posizioni ribassiste.

Vediamo ora in dettaglio le specifiche del contratto Future sul Bitcoin. Entrambi i Future, CBOE e CME, sono quotati in dollari americani e sono contratti cash settlement. A scadenza, la posizione in Future verrà regolata finanziariamente e non con consegna fisica del sottostante. Il Future CBOE utilizza come prezzo di riferimento il prezzo d'asta del Bitcoin di Gemini Trust Company, un exchange centralizzato di criptovalute. Il Future CME utilizza invece come prezzo di settlement un indice proprietario chiamato CME CF Bitcoin Reference Rate (BRR). Questo indice viene calcolato come prezzo equi-pesato per i volumi dell'ultimo giorno di contrattazione del Future. Un'altra differenza sostanziale risiede nel moltiplicatore del contratto: nel CBOE Future, un contratto corrisponde all'acquisto di un Bitcoin mentre, nel CME Future, un contratto corrisponde all'acquisto di 5 Bitcoin. Anche il tick minimo di contrattazione differisce fra i due exchange: nel CBOE la variazione minima del Future è pari a 10 dollari, mentre nel CME è pari a 25 dollari.

I volumi scambiati differiscono in modo sostanziale: 3.000 lotti scambiati su CME contro i 5.000 lotti su CBOE. In termine di controvalore transato CME registra volumi più alti, anche in virtù del fatto che il moltiplicatore del Future è più alto.

GLI ETF

ETF è l'acronimo di Exchange Traded Fund, un termine con il quale si identifica una particolare tipologia di fondo d'investimento con due principali caratteristiche:

- È negoziato in Borsa come un normale titolo azionario.
- Ha come unico obiettivo d'investimento quello di replicare l'indice al quale si riferisce, attraverso una gestione totalmente passiva.

Gli ETF eliminano tutte le complicanze che derivano dalla leva finanziaria e dai margini, e consentono di accedere al mercato delle criptovalute come se si stesse comprando un'azione. Al momento ci sono solo due ETF attivi:

- Bitcoin Tracker EUR XBT Provider (ISIN: SE0007525332).
- Ethereum Tracker EUR XBT Provider (ISIN: SE0010296574).

L'emittente di questi due ETF è la società svedese XBT Provider AB (www.xbtprovider.com).

L'obiettivo di questi due fondi, leggendo il prospetto informativo, è quello di offrire un rendimento giornaliero approssimativamente equivalente alla performance del prezzo del Bitcoin o Ether nelle tre borse digitali più liquide disponibili per il calcolo dell'indice preso come benchmark, al netto delle commissioni e dei costi di gestione. Ciò significa che quando il prezzo del Bitcoin negoziato sul mercato sale dell'1%, il prodotto dovrebbe aumentare di circa la stessa percentuale. L'indice benchmark è creato dall'emittente come media dei prezzi registrati sugli exchange Bitfinex, Bitstamp e OKcoin. I costi di gestione dichiarati da XBT sono del 2,5% annuo. Nella Figura 6.2 si può vedere l'andamento dell'ETF Bitcoin Tracker rispetto al suo indice di riferimento Bitcoin/EUR.

Dal punto di vista del rendimento, l'ETF delude rispetto all'investimento diretto sul Bitcoin. Infatti, se un investitore avesse comprato il primo giorno di quotazione, il 5 ottobre 2015, il Bitcoin Tracker EUR e lo avesse tenuto fino al 26 aprile 2018, avrebbe registrato un rendimento lordo pari al 3.312% o al 3.306% al netto dei costi di gestione. Un rendimento di tutto rispetto, certamente, ma se avesse fatto lo stesso investendo direttamente sul Bitcoin in modo "fisico", comprando e spostando su un wallet la moneta, si troverebbe un rendimento del 3.461%. Un investimento di 1.000 euro fatto il 5 ottobre 2015 avrebbe un utile di 32.058 euro per chi avesse scelto l'ETF; chi invece avesse investito sul Bitcoin "fisico" si troverebbe un utile di 33.612 euro.

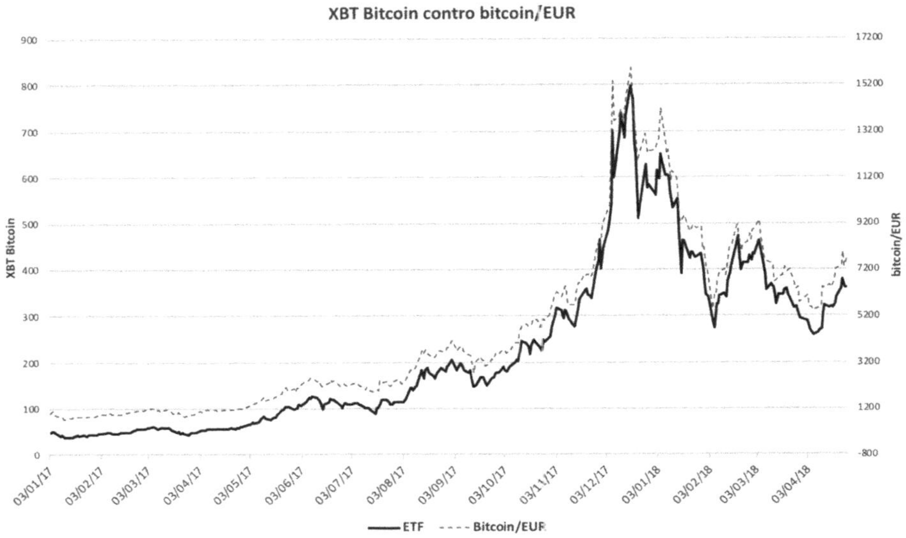

FIGURA 6.2 - Andamento Bitcoin Tracker EUR XBT Provider contro Bitcoin/EUR.

Oltre ai rendimenti, quando si valuta un ETF è sempre bene dare uno sguardo alla Tracking Error Volatility (TEV). Questa grandezza descrive la volatilità delle differenze fra i rendimenti del fondo e quelli dell'indice di riferimento. Nel caso di un fondo a gestione passiva, il cui obiettivo è replicare l'andamento del proprio benchmark, la TEV consente di valutare con quanta fedeltà il gestore ha replicato tale andamento. Di conseguenza, quanto più elevato è il valore assunto dalla TEV, tanto più indipendenti sono state le scelte del gestore rispetto all'andamento dell'indice scelto come riferimento. Viceversa tanto più è piccolo questo valore, tanto migliore è il tracking del fondo rispetto al benchmark. Nel caso del fondo Bitcoin Tracker EUR XBT Provider, il valore giornaliero di TEV si attesta a 1,93%; per prassi, un ETF viene considerato coerente al suo benchmark quando la TEV assume valori inferiori al 10%.

CAPITOLO 7

Dove tradare

Nel capitolo precedente abbiamo presentato i principali strumenti finanziari a disposizione dell'investitore. È però fondamentale parlare anche dei mercati sui quali tali strumenti sono negoziati.

I MERCATI OTC

I Bitcoin e più in generale tutte le valute digitali sono scambiati su mercati non regolamentati, noti come mercati OTC (Over The Counter). Questi mercati presentano le seguenti caratteristiche:

- Sono mercati non istituzionali.
- Sono privi di cassa di compensazione.
- Presentano ridotti costi di transazione.
- Presentano un rischio maggiore rispetto ai mercati regolamentati.

I mercati OTC si distinguono dunque in maniera radicale dai tradizionali mercati finanziari, *in primis* per il fatto di essere privi di una localizzazione fisica ma soprattutto per il fatto che le negoziazioni avvengono bilateralmente mediante piattaforme specifiche o altri mezzi di comunicazione.

Un mercato regolamentato, quale per esempio il NYSE (New York Stock Exchange), ha una localizzazione precisa e gli scambi avvengono solo nei locali della Borsa, al numero 11 di Wall Street a New York, e attraverso piattaforme elettroniche gestite dall'Exchange. I mercati regolamentati presentano inoltre una disciplina relativa all'organizzazione, all'operatività e ai requisiti di quotazione. Tali regolamenti sono approvati da un'Autorità centrale, che negli Stati Uniti è la SEC (Securities and Exchange Commission), la quale svolge un ruolo di controllo, vigilanza e tutela del mercato.

In aggiunta, per tutti gli strumenti derivati è presente un organismo, noto come casse di compensazione o clearing houses, che funge da sistema di garanzia, assumendosi il rischio di insolvenza degli operatori che partecipano al mercato. Per svolgere questo ruolo, le casse di compensazione impongono ai partecipanti stringenti requisiti di adesione, di margine, di risorse patrimoniali e finanziarie. È comunque opportuno precisare che tale architettura non elimina completamente il rischio di insolvenza ma sicuramente lo riduce di molto rispetto ai mercati non regolamentati.

La conclusione di tutto quanto abbiamo scritto si esaurisce nel valutare attentamente il proprio profilo di rischio e agire di conseguenza.

FIAT E CRIPTO EXCHANGE

Ci sono due macro categorie di exchange che si distinguono in base alla natura delle valute negoziate:

- **Fiat exchange**: permettono di scambiare valuta tradizionale contro valuta digitale.
- **Crypto exchange**: permettono di scambiare solo valuta digitale.

Il più delle volte è necessario essere abilitati su entrambi i tipi di exchange: se i "fiat exchange" permettono di accedere al mercato delle criptovalute e, allo stesso tempo, di liquidare la posizione tornando in possesso della valuta fiat, i "crypto exchange" danno accesso, il più delle volte, a una gamma di criptovalute molto più ampia di quella presente sui "fiat exchange", precludendo però la possibilità di convertire in valuta fiat.

Una buona pratica, comunque, è quella di aprire diversi exchange, in modo tale da avere sempre la possibilità di tradare su varie piattaforme. Questo suggerimento risulta estremamente utile soprattutto per i "fiat exchange", in quanto il giorno che si volesse liquidare la posizione si avrebbero diversi canali dove effettuare i prelievi.

Nel paragrafo precedente abbiamo indicato come caratteristica dei mercati OTC quella di essere non istituzionali. Non è un errore ma, nel contesto delle criptovalute, occorre fare delle precisazioni in merito.

Oltre alle due categorie appena viste, gli exchange possono essere catalogati in:

- **Centralizzati** (centralized exchange).
- **Decentralizzati** (decentralized exchange).

Un mercato si definisce centralizzato quando una terza parte svolge un ruolo di garante degli scambi e mette a disposizione degli utenti l'infrastruttura necessaria per completare le transazioni, mentre un mercato decentralizzato non è garantito da nessuna terza parte e il suo funzionamento è gestito da un registro distribuito, con una logica simile all'infrastruttura cardine delle criptovalute.

Nella scelta di quale exchange attivare entrano in gioco differenti considerazioni, come la sicurezza della piattaforma, la liquidità, le commissioni e la facilità di utilizzo.

Nelle pagine che seguono, vedremo in dettaglio il funzionamento di tre exchange: due fiat (Coinbase e Kraken) e uno crypto (Poloniex). Verrà mostrata la procedura per aprire l'account, effettuare operazioni e prelevare sia fiat sia criptovalute dai propri conti.

MERCATI CENTRALIZZATI E DECENTRALIZZATI

Come abbiamo già detto, un mercato centralizzato è rappresentato da una terza parte che opera da agente di garanzia per le transazioni concluse e, mettendo a disposizione una piattaforma, consente l'incrocio di domanda e offerta.

Operare su mercati centralizzati, al momento, è sicuramente la scelta più semplice per avvicinarsi al mondo delle criptovalute ma non è esente da diverse problematiche. La più importante riguarda certamente la sicurezza. Per tradare è necessario trasferire i propri fondi su un account indicato dall'exchange, perdendo quindi il possesso sulla valuta stessa. La perdita del controllo del proprio capitale è in contraddizione con uno dei principi fondanti del Bitcoin: restituire alla gente il possesso del denaro. Inoltre, affidando i nostri fondi all'exchange, siamo soggetti a rischi informatici. Come è già accaduto in passato, i siti degli exchange possono essere hackerati, con conseguente furto delle valute presenti sui loro wallet. Un esempio è quello di MtGox del 2014: un complesso attacco hacker ha svuotato il generoso caveau della società, facendo sparire 750.000 Bitcoin di proprietà degli utenti.

Gli exchange centralizzati presentano anche diverse limitazioni, soprattutto nelle operazioni di prelievo della valuta. Come vedremo più avanti, le piattaforme centralizzate impongono dei limiti giornalieri e mensili nel prelievo di criptovalute o valuta fiat. L'utente non ha quindi piena libertà nella movimentazione dei propri fondi.

Infine, anche il motore che gestisce le transazioni sulle piattaforme centralizzate potrebbe costituire un problema per gli utenti: il modello alla base è chiamato IOU (I Owe You). Quando due utenti effettuano una transazione, questa non dà vita immediatamente al trasferimento delle due valute in oggetto, ma viene solamente registrata su un database manutenuto dall'exchange. L'utente, quindi, sul proprio account ha solo una rappresentazione contabile della valuta ma non la valuta stessa. Solo quando l'utente decide di effettuare il prelievo, la piattaforma effettua anche la transazione "fisica". Come è facile intuire, nel lasso di tempo che intercorre fra la transazione contabile e quella "fisica" l'utente deve fidarsi pienamente della piattaforma centralizzata e del suo sistema di gestione.

Queste problematiche non sono presenti nei mercati decentralizzati. Per poter operare, non è necessario trasferire i propri fondi sull'account dell'exchange ma la valuta rimane sempre di nostra proprietà, il che garantisce dalla perdita dei propri fondi dovuta a possibili attacchi informatici alla piattaforma centralizzata. Inoltre, questo consente di utilizzare liberamente i propri fondi, per l'assenza dei limiti di prelievo.

Il motore che governa le transazioni nei mercati decentralizzati consente il trasferimento immediato delle due valute in oggetto senza utilizzare note contabili. Le due controparti, nel momento stesso in cui la transazione viene conclusa, vedranno la movimentazione "fisica" delle due valute dai rispettivi wallet. Alla base di questo sistema ci sono gli Atomi Swap. Questa tecnologia può essere definita come l'exchange di una criptovaluta verso un'altra criptovaluta: è quindi una transazione cross-chain, che scrive contestualmente sulle blockchain delle due diverse criptovalute.

Gli Atomic Swap utilizzano gli Hash Time-Locked Contracts (HTLCs) per assicurare il corretto funzionamento della transazione. Gli HTLCs sono un nuovo tipo di smart contract che permette, attraverso hashlock e timelock, di concedere a un utente di riscuotere un pagamento entro un certo limite di tempo solo dopo aver fornito un certificato crittografato del pagamento o, in alternativa, annullare la transazione in caso di mancato pagamento.

Gli exchange decentralizzati, con ogni probabilità, rappresentano lo standard futuro per le contrattazioni poiché abbracciano molte delle idee che risiedono alla base delle criptovalute ma, al momento, registrano ancora qualche difetto. Non sono di facile utilizzo come le piattaforme centralizzate, non hanno volumi di scambio elevati e può capitare di non trovare una controparte per concludere una transazione. Di seguito riportiamo alcuni exchange decentralizzati:

- Blocknet: www.blocknet.co
- Stellar Dex: www.stellarterm.com
- Bisq: www.bisq.network

CAPITOLO 8

Coinbase

https://www.coinbase.com

Coinbase è il più grande broker online di Bitcoin, presente in 33 Paesi tra cui Stati Uniti, UK, Canada, Singapore ed Europa. Coinbase, con sede a San Francisco, è stata fondata nel 2012 e offre servizi di broker, di exchange centralizzato e di wallet per la gestione di criptovalute. Inoltre, permette agli sviluppatori di utilizzare delle API funzionali al trading automatico.

Nel 2017 Coinbase ha intermediato circa 6 miliardi di dollari e ha servito più di 6 milioni di clienti.

Fra i punti di forza di Coinbase troviamo la possibilità di comprare criptovalute direttamente con le carte di credito, una grande facilità di utilizzo e un'ottima liquidità.

CREARE UN ACCOUNT

Vediamo ora in modo semplice e pratico tutti i passaggi per aprire un conto su Coinbase.

Nella home page di Coinbase andiamo nella sezione "Registrati" e completiamo la procedura, inserendo il nostro nome e cognome, indirizzo email e, molto importante, una password con un livello adeguato di sicurezza. Una volta riempito il form, si spunta "I'm not a robot" e si prosegue con "Crea conto". La spunta "I'm not a robot" non deve destare nessuna preoccupazione: il sito preferisce infatti proteggersi dai sistemi automatici e dai virus che creare account in modo massivo (Figura 8.1).

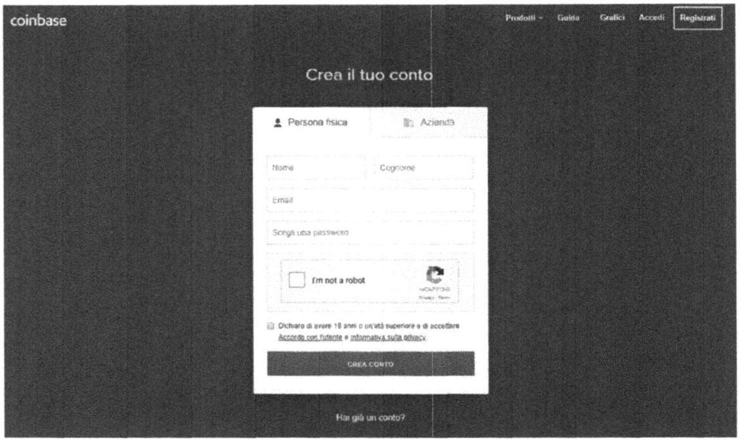

FIGURA 8.1 - Creare un account con Coinbase.

Coinbase ci invierà un'email di verifica contenente un link che, una volta aperto, porterà su una pagina internet nella quale inserire un numero di telefono per ricevere un codice di sicurezza, da inserire a sua volta nella schermata successiva. Completata questa fase, avremo finalmente aperto un account su Coinbase (Figura 8.2).

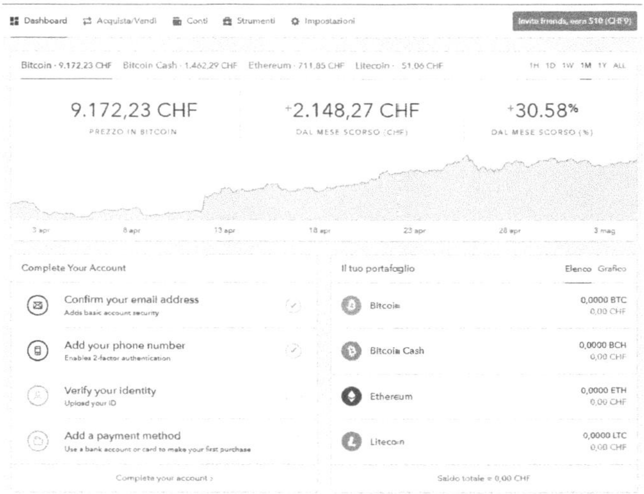

FIGURA 8.2 - La schermata principale dell'account di Coinbase.

Non siamo però ancora abilitati ad acquistare o vendere criptovalute. Il processo necessita ancora di due passaggi: la verifica dell'identità e il metodo di pagamento (Figura 8.3).

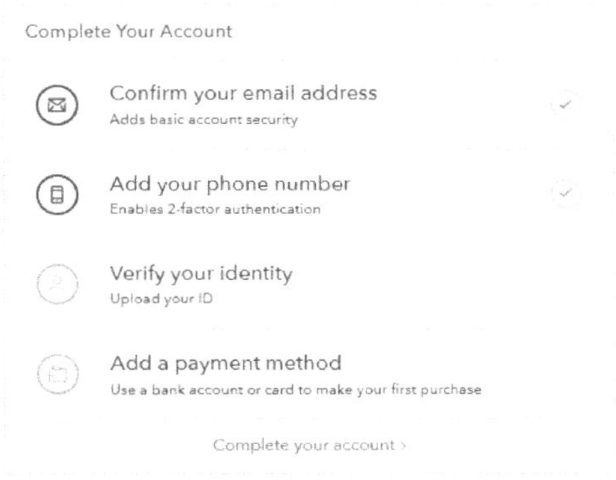

FIGURA 8.3 - La verifica dell'identità del titolare di un account Coinbase.

LA VERIFICA DELL'IDENTITÀ

La verifica dell'identità viene completata inviando una copia fronte e retro di un proprio documento valido e non scaduto (carta d'identità, passaporto o patente di guida) (Figura 8.4).

FIGURA 8.4 - Occorre selezionare il tipo di documento per verificare l'identità.

Coinbase, per facilitare l'invio, consente di scattare una foto del documento direttamente con la webcam del computer o dello smartphone.

Una volta ultimata la procedura di verifica dell'identità, si può procedere alla definizione del metodo di pagamento.

DEPOSITARE VALUTA FIAT SU COINBASE

Coinbase offre due modalità di deposito: la prima utilizzando il conto corrente bancario, la seconda mediante la carta di credito (Figura 8.5).

FIGURA 8.5 - Selezionare il metodo per inviare valuta fiat sul conto Coinbase.

Conto corrente

Utilizzando la prima modalità di deposito, è necessario fare un bonifico a favore di un conto corrente indicato da Coinbase. Il bonifico viene effettuato all'interno del circuito SEPA, con costi definiti dalla vostra banca. L'importante è che il conto corrente bancario dal quale viene effettuato il bonifico sia intestato alla stessa persona titolare dell'account Coinbase. In caso contrario, verrà rifiutato. Inoltre, nel predisporre il bonifico, è necessario indicare nella causale il codice alfanumerico (Reference Number) suggerito da Coinbase come, per esempio, quello mostrato nella Figura 8.6.

Con questo metodo di deposito, Coinbase non vi addebiterà alcun costo.

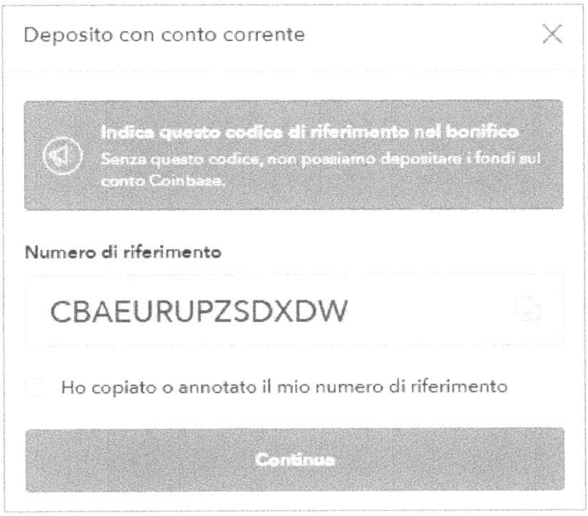

FIGURA 8.6 - Un esempio di codice da inserire nella causale del bonifico.

Carta di credito

Con la carta di credito il processo per alimentare il conto di Coinbase è più veloce, in quanto i fondi sono immediatamente disponibili. Sarà sufficiente compilare due form, come quelli della Figura 8.7.

Ovviamente questa soluzione genera dei costi aggiuntivi: Coinbase applica una commissione pari al 3,99% dell'intero ammontare trasferito.

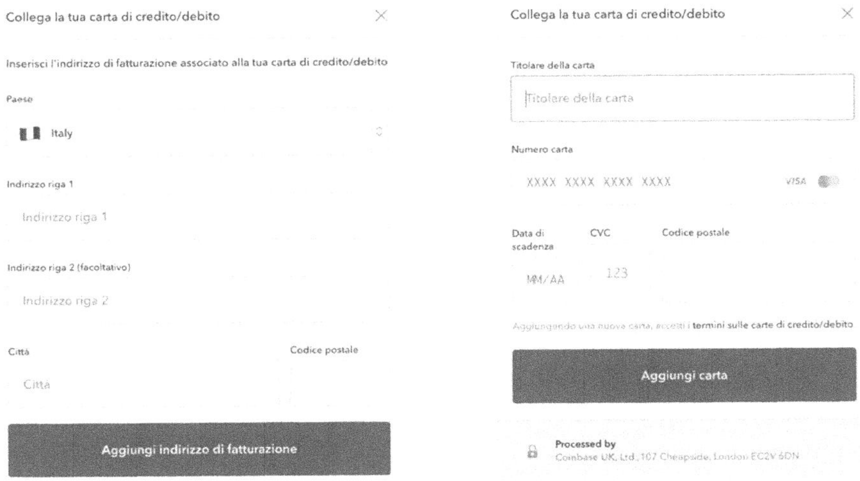

FIGURA 8.7 - Le schermate da compilare per abilitare la carta di credito.

ACQUISTARE BITCOIN CON VALUTA FIAT

Una volta ultimato il processo di attivazione dell'account e versato un deposito in valuta fiat (nel nostro caso euro) sul nostro conto Coinbase, allora saremo in grado di inserire degli ordini d'acquisto. Di seguito riportiamo il processo di acquisto di Bitcoin.

Nel barra di navigazione di Coinbase selezioniamo "Acquista/Vendi" (Figura 8.8).

FIGURA 8.8 - "Acquista/Vendi" nella barra di navigazione di Coinbase.

Ci apparirà, quindi, la maschera per completare il nostro ordine d'acquisto (Figura 8.9).

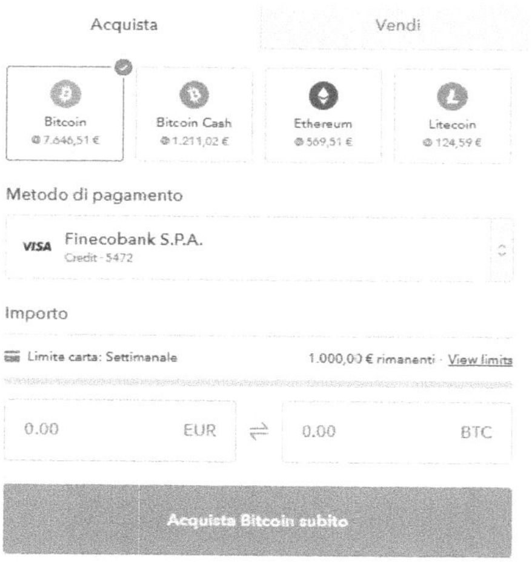

FIGURA 8.9 - La schermata per completare l'ordine di trading su Coinbase.

Su Coinbase possiamo acquistare quattro diverse criptovalute: Bitcoin, Bitcoin Cash, Ether e Litecoin. Una volta selezionata la valuta desiderata, è necessario specificare quale metodo di pagamento vogliamo utilizzare fra carta di credito e deposito.

Infine, va inserito l'ammontare in euro che desideriamo comprare. Immediatamente Coinbase mostra quanti Bitcoin stiamo acquistando e, per ultimare l'operazione, è necessario cliccare sul tasto "Acquista subito Bitcoin", come possiamo vedere nella Figura 8.10.

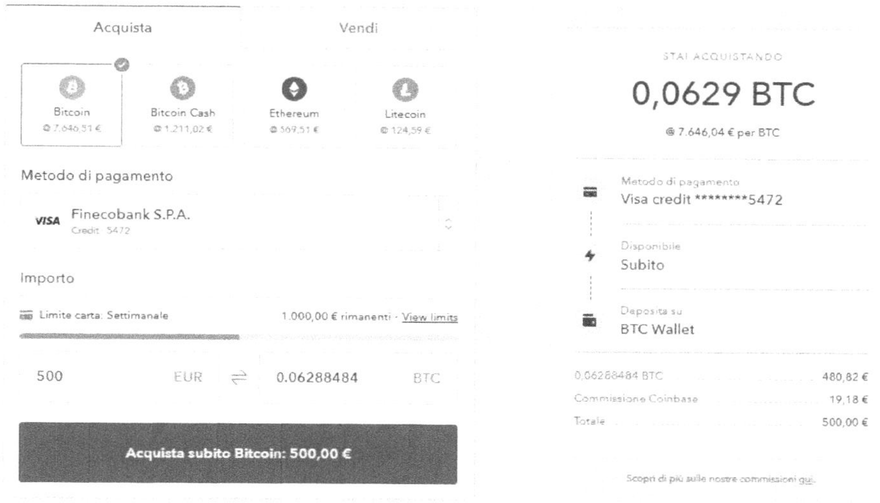

FIGURA 8.10 - Un esempio di ordine d'acquisto di Bitcoin.

Una volta confermata l'operazione, ci viene proposto uno specchietto riassuntivo che va ulteriormente confermato (Figura 8.11).

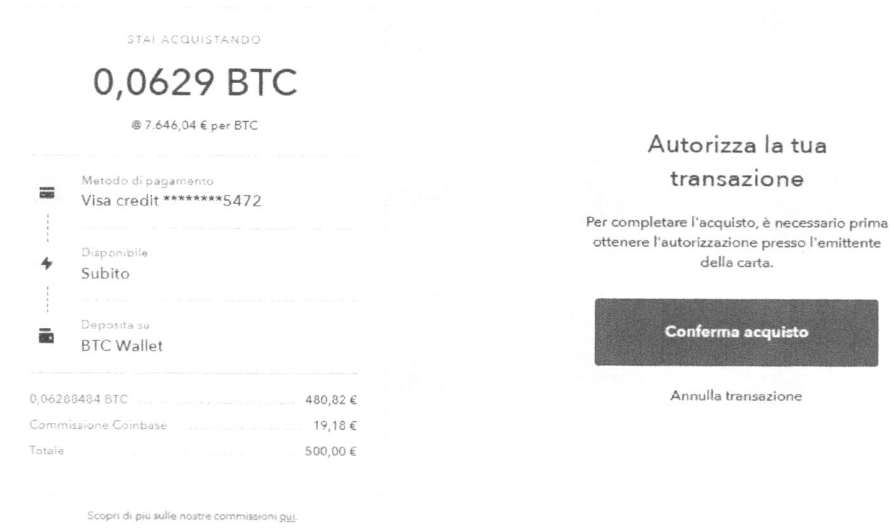

FIGURA 8.11 - La conferma dell'ordine d'acquisto di Bitcoin.

Navigando sul link "Conti", nella barra principale è possibile vedere popolati i nostri conti in criptovalute. Nell'esempio qui riportato, vedremo quindi il nostro primo acquisto depositato nel conto Bitcoin, come viene mostrato dalla Figura 8.12.

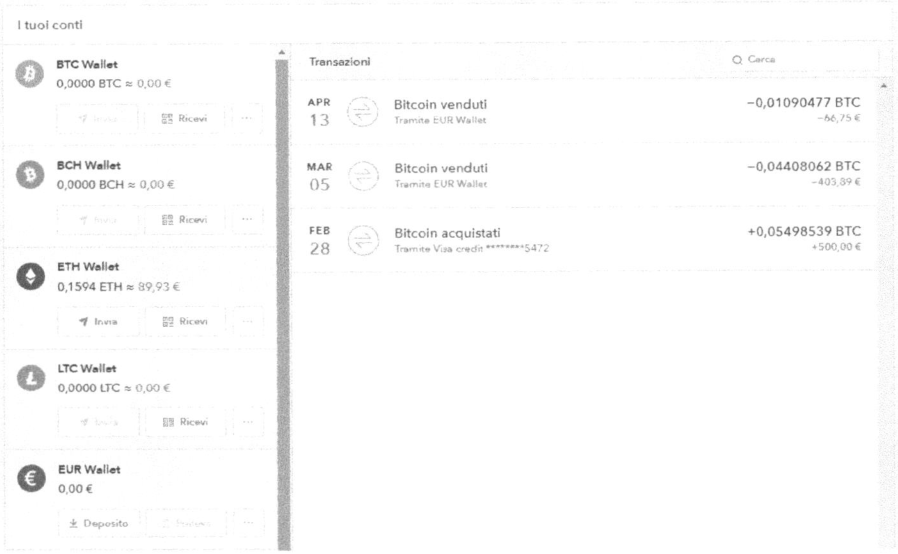

FIGURA 8.12 - Il saldo del conto Coinbase e le transazioni eseguite.

VENDERE BITCOIN PER VALUTA FIAT

Con Coinbase è possibile convertire le proprie criptovalute in valuta fiat, tra cui l'euro. Questo processo è propedeutico al disinvestimento poiché consente di alimentare il conto in euro su Coinbase, prima di trasferire il denaro presso il nostro conto corrente bancario tradizionale.

Sempre all'interno del menu "Acquista/Vendi", selezioniamo la funzione "Vendi".

In questo form scegliamo semplicemente la criptovaluta che vogliamo convertire in euro, indichiamo l'importo e confermiamo l'operazione con il tasto "Vendi subito Bitcoin" (Figura 8.13).

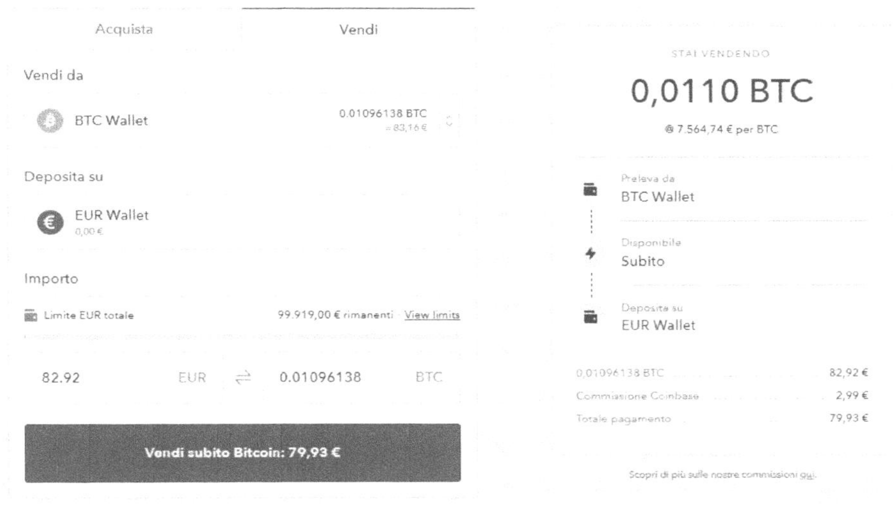

FIGURA 8.13 - Un esempio di ordine di vendita di Bitcoin.

PRELEVARE CRIPTOVALUTA DA COINBASE

Il conto di Coinbase permette di inviare e ricevere le criptovalute abilitate. La procedura è molto semplice e simile dal punto di vista logico al funzionamento di un normale bonifico bancario.

Nel barra di navigazione di Coinbase selezioniamo "Conti" (Figura 8.14).

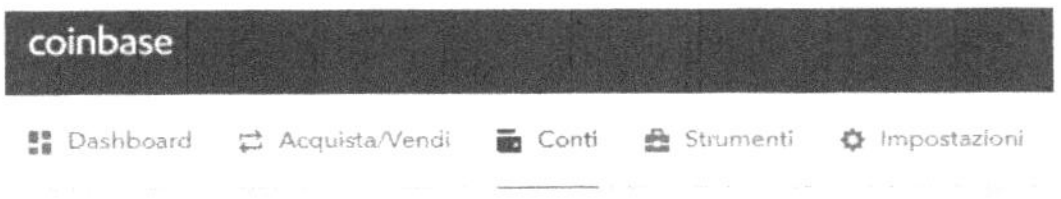

FIGURA 8.14 - I "Conti" nella barra di navigazione di Coinbase.

Selezioniamo il conto della valuta che vogliamo trasferire e clicchiamo su "Invia" (Figura 8.15).

Possiamo scegliere se inviare la valuta scelta su uno specifico wallet o inviarla verso un indirizzo email. Nel primo caso è sufficiente compilare il seguente form con l'indirizzo del destinatario e specificare l'importo in euro o in frazioni di criptovaluta (Figura 8.16).

Nel secondo caso, invece, è sufficiente specificare l'indirizzo email del destinatario e indicare l'importo (Figura 8.17).

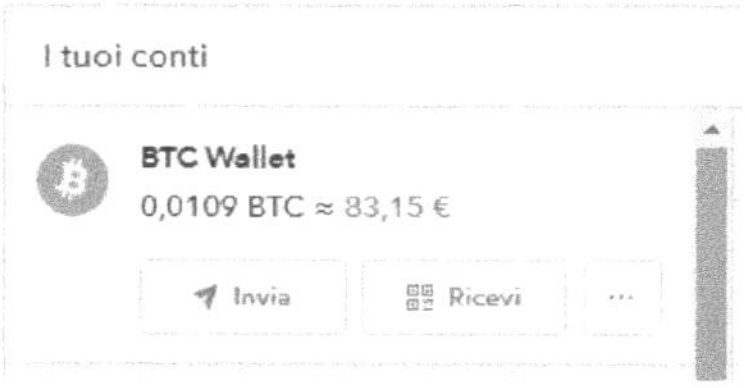

FIGURA 8.15 - Come inviare i Bitcoin da Coinbase.

FIGURA 8.16 - La schermata con l'indirizzo del wallet di destinazione.

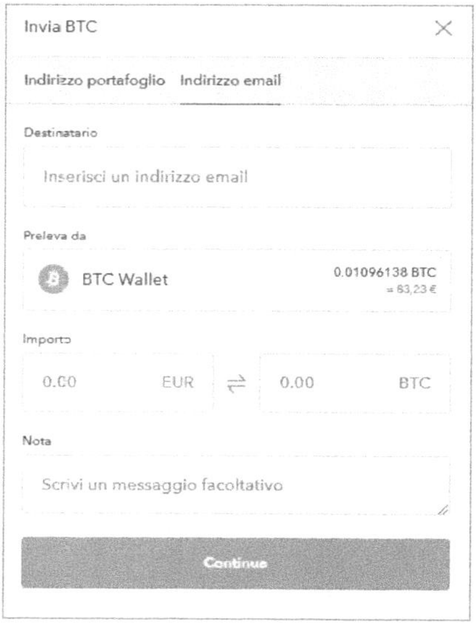

FIGURA 8.17 - La schermata con l'email del destinatario.

PRELEVARE VALUTA FIAT DA COINBASE

Nel caso si volessero riportare dei fondi da Coinbase verso il proprio conto corrente bancario, la procedura da seguire è semplice e veloce. Clicchiamo sempre sul link "Conti", nella barra principale di navigazione, e selezioniamo nella sezione "EUR Wallet" la voce "Preleva" (Figura 8.18).

Nel campo "Withdraw to" selezioniamo il conto corrente bancario sul quale desideriamo effettuare il versamento e quindi, nel campo "Amount", indichiamo l'importo in euro. Confermiamo infine la transazione (Figura 8.19).

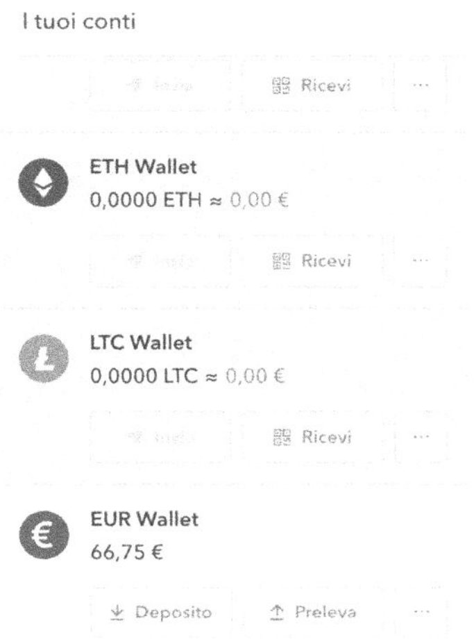

FIGURA 8.18 - Prelevare euro dal conto Coinbase.

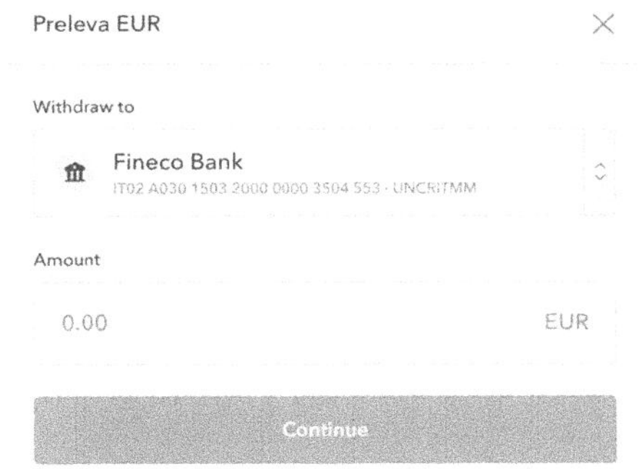

FIGURA 8.19 - La conferma dell'ordine di prelievo in euro da Coinbase verso la propria banca.

CAPITOLO 9

Kraken

https://www.kraken.com

Kraken è una società fondata nel 2011, con sede a San Francisco, ed è fra gli exchange per il trading di criptovalute più longevi sul mercato. In termini di volumi giornalieri scambiati, Kraken registra in media circa 285 milioni di dollari.

Al momento, le criptovalute negoziate su Kraken sono: Bitcoin, Tether, Ripple, Stellar, Litecoin, Dogecoin, Dash, Ether, Ether Classic, Augur, Zcash, Iconomi, Melon, Monero, Gnosis, EOS e Bitcoin Cash. Oltre a poter scambiare cripto contro cripto, Kraken offre anche il servizio di conversione di moneta fiat in criptovaluta e viceversa.

Alla luce della sua storia, questo exchange gode di un'ottima reputazione sul mercato ed è molto utilizzato. Nei prossimi paragrafi vedremo meglio come funziona.

CREARE UN ACCOUNT

Sulla pagina principale di Kraken iniziamo il processo di creazione di un account, cliccando su "SIGN UP" (Figura 9.1).

Una volta compilato il form con email, username e password, terminiamo la registrazione accettando i termini e le condizioni del servizio e poi clicchiamo sul tasto "SIGN UP" (Figura 9.2).

FIGURA 9.1 – Creare un account con Kraken.

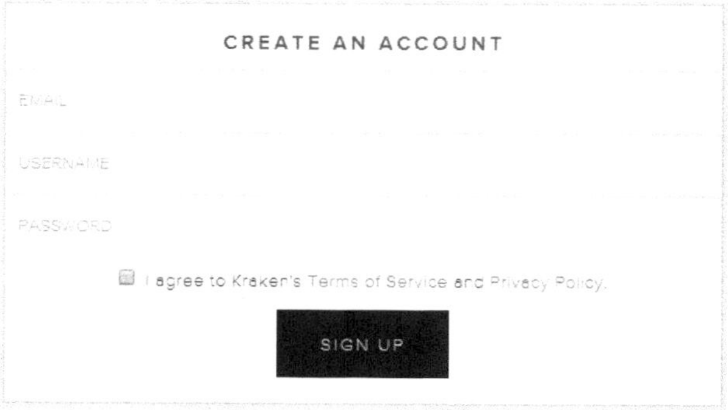

FIGURA 9.2 – La schermata di registrazione dell'account di Kraken.

Kraken invierà immediatamente un'email di conferma all'indirizzo da noi indicato, in cui ci verrà richiesto di confermare la registrazione cliccando su un link.

Una volta effettuati tutti questi passaggi, saremo registrati sull'exchange e potremo passare alla fase di verifica della nostra identità.

VERIFICARE L'IDENTITÀ

Così come abbiamo già visto per Coinbase, anche con Kraken è necessario portare a termine la procedura di verifica dell'identità per poter iniziare a tradare. Possiamo scegliere diversi livelli di verifica da Tier 0 a Tier 4. Ognuno di questi livelli si differenzia da quello precedente per i limiti di operatività, deposito e prelievo sia in criptovalute sia in valute fiat.

Se decidessimo di non verificare il nostro account, non potremmo operare in alcun modo su Kraken.

Dal menu di navigazione di Kraken, selezioniamo il tasto "Get Verified" (Figura 9.3).

FIGURA 9.3 – Il "Get Verified" nel menu di navigazione di Kraken.

A questo punto, possiamo vedere i diversi limiti allocati per ciascun livello di verifica, come viene mostrato nella Figura 9.4.

	Daily limits		Monthly limits	
Tier 0	Deposit (fiat)	$0.00	Deposit (fiat)	$0.00
Deposits and withdrawals are not available.	Deposit (crypto)	$0.00	Deposit (crypto)	$0.00
	Withdraw (fiat)	$0.00	Withdraw (fiat)	$0.00
	Withdraw (crypto)	$0.00	Withdraw (crypto)	$0.00
Tier 1	Deposit (fiat)	$0.00	Deposit (fiat)	$0.00
You can trade between all currencies, but account funding is limited to digital currencies only.	Deposit (crypto)	No limit	Deposit (crypto)	No limit
	Withdraw (fiat)	$0.00	Withdraw (fiat)	$0.00
	Withdraw (crypto)	$2,500.00	Withdraw (crypto)	$20,000.00
Tier 2*	Deposit (fiat)	$2,000.00	Deposit (fiat)	$10,000.00
	Deposit (crypto)	No limit	Deposit (crypto)	No limit
	Withdraw (fiat)	$2,000.00	Withdraw (fiat)	$10,000.00
	Withdraw (crypto)	$5,000.00	Withdraw (crypto)	$50,000.00
Tier 3	Deposit (fiat)	$25,000.00	Deposit (fiat)	$200,000.00
	Deposit (crypto)	No limit	Deposit (crypto)	No limit
	Withdraw (fiat)	$25,000.00	Withdraw (fiat)	$200,000.00
	Withdraw (crypto)	$50,000.00	Withdraw (crypto)	$200,000.00
Tier 4	Deposit (fiat)	$100,000.00	Deposit (fiat)	$500,000.00
Individual High Value Account *or* Corporate Account	Deposit (crypto)	No limit	Deposit (crypto)	No limit
	Withdraw (fiat)	$100,000.00	Withdraw (fiat)	$500,000.00
	Withdraw (crypto)	$100,000.00	Withdraw (crypto)	$500,000.00

FIGURA 9.4 - I limiti associati ai vari livelli di verifica dell'account di Kraken.

Vediamo ora come leggere questa tabella.

Al livello Tier 0, come abbiamo detto, non è consentita alcuna operatività.

Al livello Tier 1 è possibile depositare criptovaluta con importi illimitati ma è permesso prelevare criptovalute con un massimale di 2.500 dollari di controvalore al giorno e 20.000 dollari di controvalore al mese. Al livello Tier 1 non è consentito versare valuta fiat. Per verificare Tier 1 è sufficiente navigare in fondo alla pagina e completare il form con nome e cognome, data di nascita, nazione di residenza e numero di telefono.

Al livello Tier 2 è consentito depositare e prelevare fino a un massimo di 2.000 dollari di valuta fiat al giorno e 10.000 dollari al mese. Anche i controvalori di prelievo per le criptovalute sono aumentati a 5.000 dollari al giorno e 50.000 dollari al mese. Per verificare Tier 2 è sufficiente navigare in fondo alla pagina e completare il form con le informazioni sul proprio indirizzo di residenza.

Al livello Tier 3 è consentito depositare e prelevare fino a un massimo di 25.000 dollari di valuta fiat al giorno e 200.000 dollari al mese. Anche i controvalori di prelievo per le criptovalute sono aumentati a 50.000 dollari di controvalore al giorno e 200.000 dollari al mese. Per verificare Tier 3 è necessario inviare a Kraken la copia di un documento di identità fronte e retro (carta d'identità o passaporto) e un certificato di residenza (bolletta elettrica o della pay-tv). I file da inviare devono essere in formato jpeg, jpg, png e non superare i 3 Mb di dimensione.

Al livello Tier 4 i limiti vengono ulteriormente aumentati fino a 100.000 dollari in valuta fiat al giorno e 500.000 dollari al mese; stesso ammontare in controvalore per le criptovalute. Per completare la verifica a Tier 4 è necessario però fare richiesta a Kraken via email.

DEPOSITARE VALUTA FIAT SU KRAKEN

Una volta completata la fase di verifica, è possibile depositare euro sul vostro account Kraken per iniziare a operare in criptovalute. Al momento Kraken non supporta le carta di credito: è quindi necessario effettuare un versamento tramite bonifico bancario.

Vediamo i semplici passaggi per effettuare un bonifico: nel menu principale selezioniamo "Funding" e subito dopo "Deposit" (Figura 9.5).

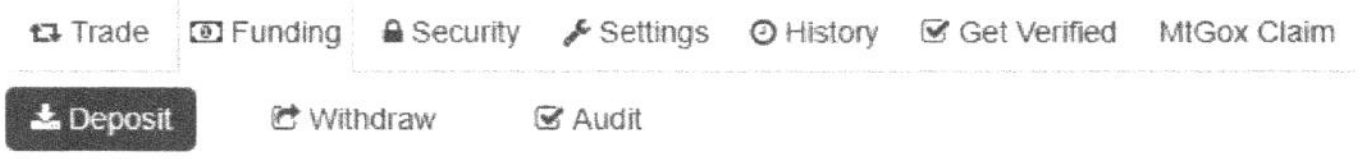

FIGURA 9.5 – "Funding" e "Deposit" nel menu di navigazione di Kraken.

Sulla sinistra vediamo una lista di possibili scelte di deposito, sia in valuta fiat sia in criptovaluta. Per effettuare un deposito in euro, selezioniamo "Euro (EUR)" (Figura 9.6).

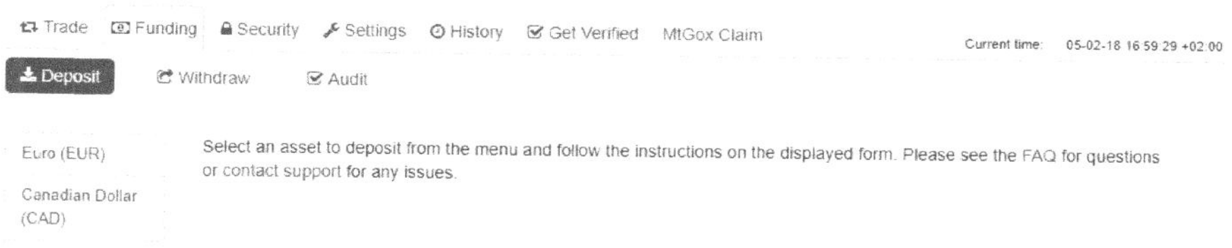

FIGURA 9.6 - Le valute fiat accettate per ricevere i depositi sul conto di Kraken.

Ci appare una schermata (Figura 9.7) in cui selezioniamo il metodo di deposito "Fidor Bank AG (SEPA)".

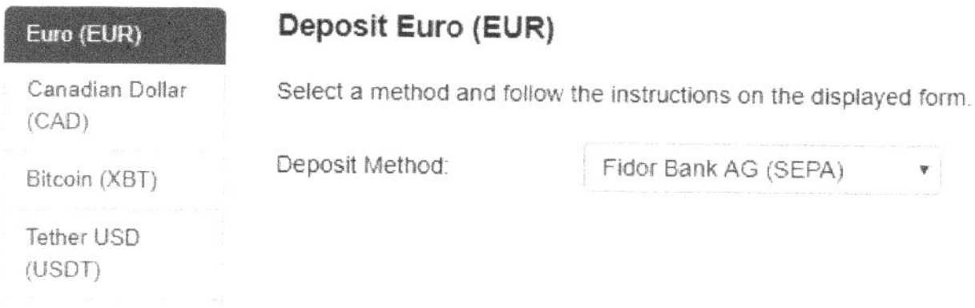

FIGURA 9.7 - Selezionare il metodo di pagamento SEPA.

In fondo alla pagina troviamo tutti gli estremi per effettuare il bonifico bancario (Figura 9.8).

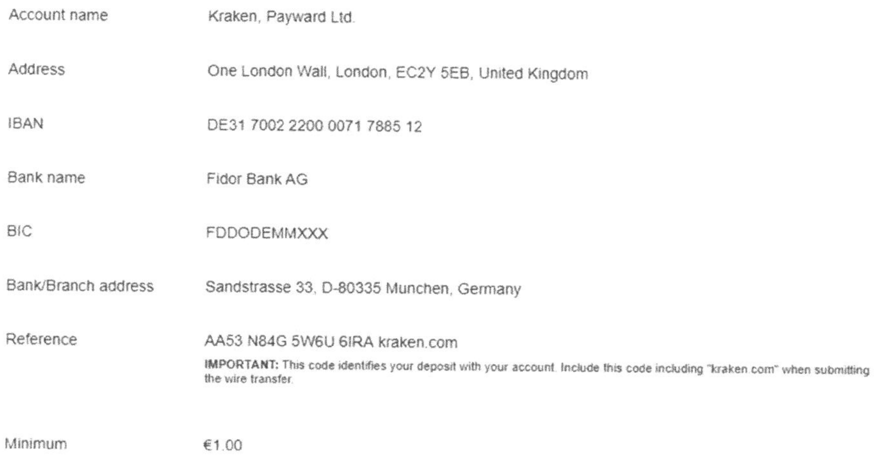

FIGURA 9.8 - Gli estremi per effettuare il bonifico in euro verso Kraken.

L'unica accortezza che si dovrà usare è di riportare nella causale del bonifico la dicitura indicata da Kraken alla voce "Reference". Nel nostro esempio, quindi, si dovrà riportare la scritta "AA53 N84G 5W6U 6IRA kraken.com".

DEPOSITARE BITCOIN SU KRAKEN

Al pari del deposito di valuta fiat, è possibile depositare Bitcoin o le altre criptovalute sul conto Kraken. La procedura è molto simile a quella del deposito di euro che abbiamo appena mostrato. Innanzitutto selezioniamo dal menu principale la sezione "Funding" e poi "Deposit" (Figura 9.9).

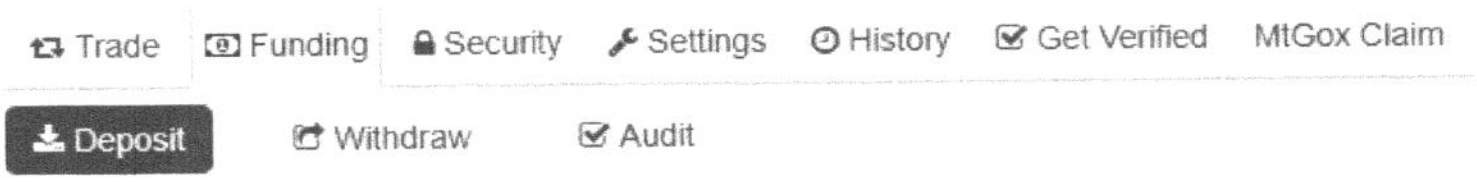

FIGURA 9.9 - "Funding" e "Deposit" nel menu di navigazione di Kraken.

Proviamo, a titolo di esempio, a depositare degli Ether (ETH). La prima volta che usiamo questa procedura Kraken ci chiederà di generare un address al quale inviare i nostri Ether. Clicchiamo quindi sul tasto "Generate New address" (Figura 9.10).

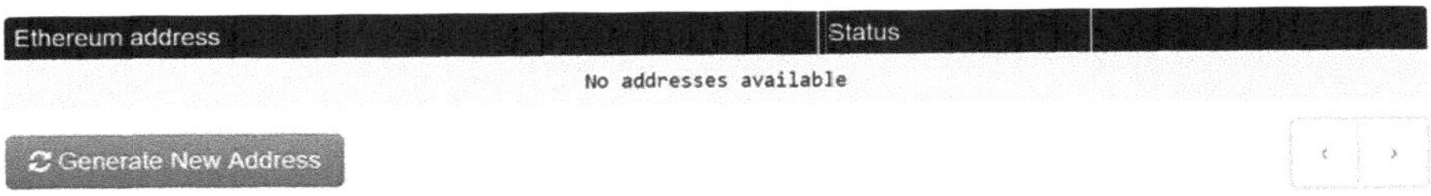

FIGURA 9.10 - La schermata per generare un address Ethereum.

Immediatamente ci apparirà l'indirizzo del wallet a cui inviare gli Ether (Figura 9.11).

FIGURA 9.11 - Il nuovo address Ethereum.

ACQUISTARE O VENDERE BITCOIN

Come abbiamo già detto, su Kraken è possibile acquistare o vendere criptovalute contro valute fiat, ma anche intermediare una criptovaluta contro un'altra. Il processo è identico per entrambe le operazioni: scopriamone tutti i passaggi.

Nella tendina in alto a destra selezioniamo il cross di nostro interesse (Figura 9.12):

FIGURA 9.12 - Selezionare il cross di nostro interesse.

Per procedere nel nostro esempio, selezioniamo "XBT/EUR", ovvero Bitcoin contro euro. Nel menu principale, dobbiamo cliccare "Trade" e quindi "New Order" (Figura 9.13).

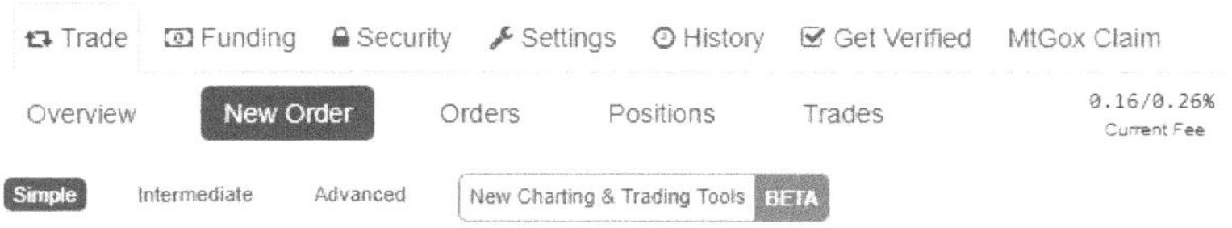

FIGURA 9.13 - Le funzioni "Trade" e "New Order" nel menu di navigazione di Kraken.

È possibile selezionare tre differenti tipi di ordine da immettere sul mercato: Simple, Intermediate e Advanced. In questo esempio prenderemo in considerazione solo l'ordine Simple, come viene mostrato nella Figura 9.14.

FIGURA 9.14 - La schermata per inserire un "Simple Order" su Kraken.

I passaggi da seguire per completare l'ordine sono i seguenti:

- Selezionare il bottone "Buy" per comprare Bitcoin contro euro. Nel caso di vendita, è necessario selezionare il bottone "Sell".
- Inserire in "Amount" la quantità di Bitcoin desiderata.
- Indicare a che prezzo si è disposti a comprare se si vuole immettere un ordine con prezzo limite, altrimenti selezionare su "Market" e accettare di comprare al miglior prezzo presente sul mercato.
- Cliccare sul tasto "Buy XBT with EUR" per procedere all'acquisto.

Una volta inserito l'ordine, è possibile monitorare l'eventuale esecuzione e gli ordini già eseguiti, selezionando nel menu principale, come è visibile nella Figura 9.13, la sezione "Orders".

PRELEVARE BITCOIN DA KRAKEN

Nel caso volessimo prelevare criptovalute da Kraken, sarà sufficiente seguire questi semplici passaggi.

Nel menu principale selezioniamo "Funding" e poi "Withdraw" (Figura 9.15).

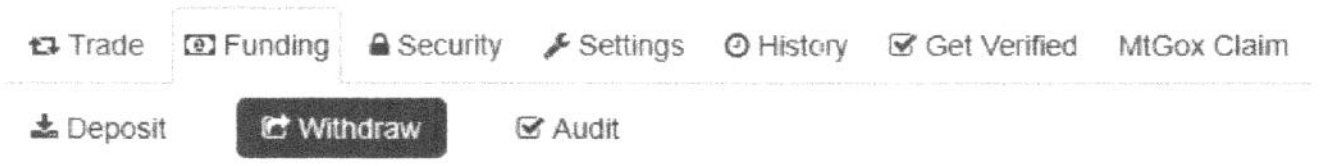

FIGURA 9.15 - "Funding" e "Withdraw" nel menu di navigazione di Kraken.

Selezioniamo, quindi, nella lista di destra, la criptovaluta che desideriamo prelevare. Mostriamo un esempio nel caso si volessero prelevare Ether.

Kraken ci chiede di inserire l'address nel quale depositare la nostra valuta. Nel caso non sia presente già nella lista, dobbiamo inserirlo cliccando su "Add address" (Figura 9.16).

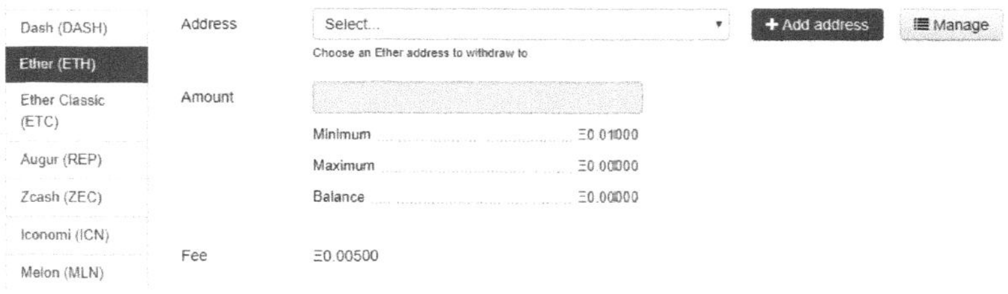

FIGURA 9.16 - La schermata per inserire un nuovo indirizzo.

È poi necessario completare sia il campo "Description", con un nome univoco che desideriamo assegnare a questo conto, sia il campo "Ether address", con il codice alfanumerico che identifica l'indirizzo del destinatario (Figura 9.17).

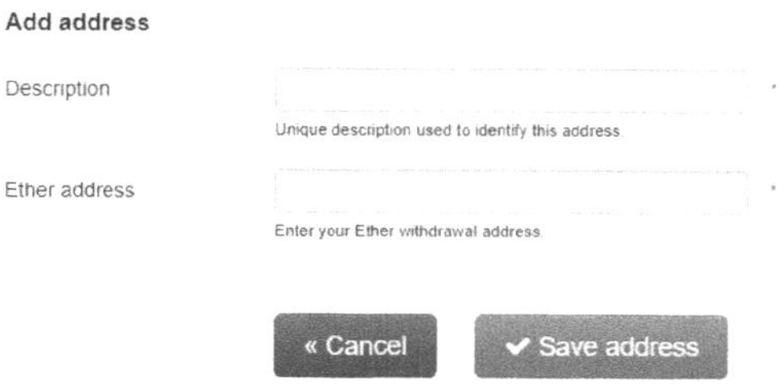

FIGURA 9.17 - Aggiungere il nome e la chiave pubblica del wallet di destinazione.

Kraken ci chiederà di confermare via email l'aggiunta del nuovo indirizzo. Se l'indirizzo del destinatario è già presente nella nostra lista, allora sarà sufficiente selezionarlo nel menu "Address", indicare importo di Ether da trasferire e poi cliccare sul tasto "Manage".

PRELEVARE VALUTA FIAT DA KRAKEN

Nel caso si volesse prelevare valuta fiat da Kraken, andiamo nel menu principale e selezioniamo "Funding" e poi "Withdraw" (Figura 9.18).

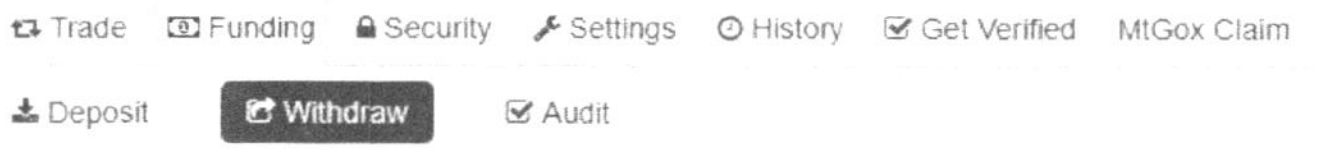

FIGURA 9.18 - Le funzioni "Funding" e "Withdraw" nel menu di navigazione di Kraken.

Nel caso degli euro, come abbiamo già visto per la procedura di deposito, selezioniamo dalla lista di sinistra "Euro (EUR)" (Figura 9.19).

La prima volta che effettuerete quest'operazione, Kraken vi chiederà di configurare le coordinate del vostro conto corrente bancario su cui ricevere l'importo da prelevare (Figura 9.20).

Per configurare basterà selezionare il tasto "Add account" e completare il form mostrato nella Figura 9.21. L'unica accortezza da usare è quella di impostare un conto corrente bancario che sia intestato alla stessa persona titolare dell'account Kraken. Non sono ammessi da Kraken conti bancari intestati a terzi o cointestati.

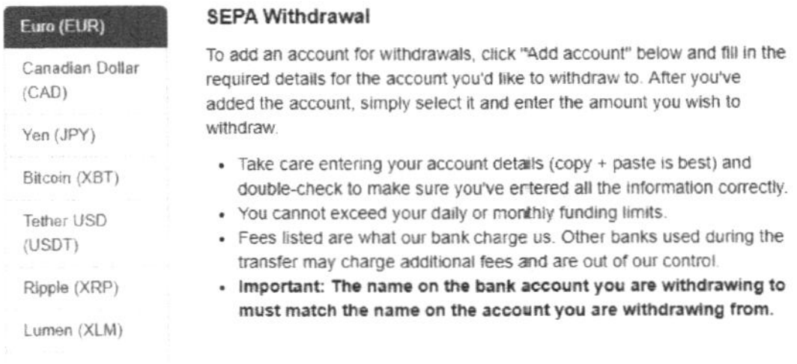

FIGURA 9.19 - Withdraw euro dal conto Kraken.

FIGURA 9.20 - Aggiungere un conto bancario a cui inviare il pagamento.

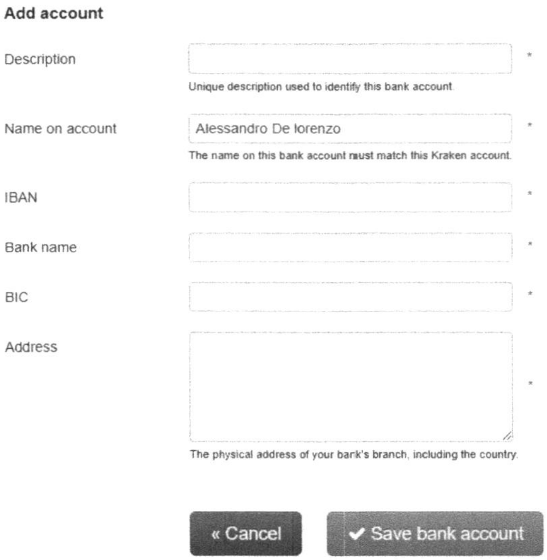

FIGURA 9.21 - Aggiungere le coordinate bancarie del conto a cui inviare il pagamento.

Ultimiamo la configurazione con "Save bank account". Kraken, per motivi di sicurezza, invierà un'email con un link di conferma dell'inserimento del conto bancario.

Una volta configurato il vostro conto corrente bancario, per effettuare il prelievo di fondi da Kraken basterà selezionarlo, indicare l'importo da prelevare nel campo "Amount" e confermare cliccando sul tasto "Manage" (Figura 9.22).

FIGURA 9.22 – Selezionare l'importo in euro da inviare e confermare con il tasto "Manage".

CAPITOLO 10

Poloniex

https://www.poloniex.com

A differenza degli altri due exchange che abbiamo analizzato, Poloniex consente solo di intermediare criptovalute contro criptovalute. Non è possibile quindi utilizzare Poloniex come exchange di ingresso o di uscita poiché non consente di acquistare o vendere cripto contro valuta fiat. Il pregio di Poloniex, ed è il motivo per cui lo analizziamo, è quello di permettere di intermediare molte valute non presenti né su Kraken né su Coinbase. Poloniex garantisce una grande liquidità, con volumi di trading pari a circa 180 milioni di dollari in media giornaliera e un'adeguata profondità dei book.

CREARE UN ACCOUNT

Sulla pagina principale del sito di Poloniex iniziamo il processo di creazione di un account, cliccando sul tasto "Create your Account" (Figura 10.1).

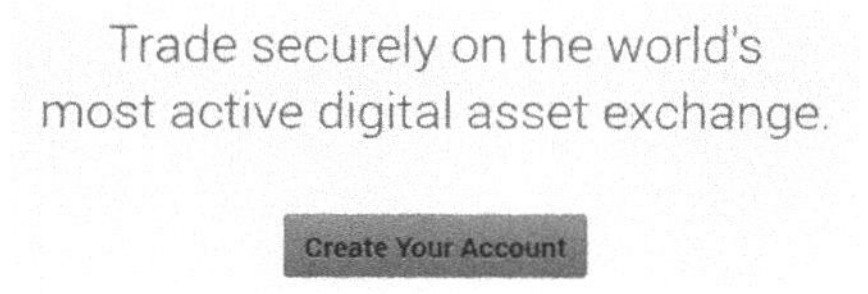

FIGURA 10.1 - Creare un account con Poloniex.

Apparirà un form da riempire con i campi Paese, email e password (Figura 10.2).

Una volta compilato il form, si deve spuntare "Non sono un robot", leggere i termini di utilizzo e, infine, cliccare su "Register".

Poloniex manderà un'email per confermare l'indirizzo di posta elettronica: cliccando sul link incluso nell'email, si attiverà l'account.

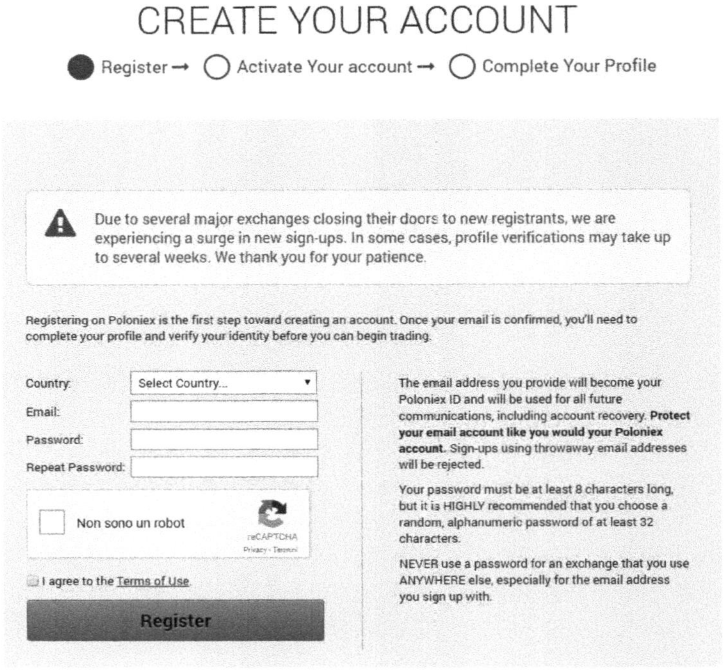

FIGURA 10.2 - La schermata di registrazione dell'account di Poloniex.

LA VERIFICA DELL'IDENTITÀ

Come possiamo notare nella Figura 10.3, al primo login ci verrà chiesto di completare alcune informazioni per la verifica del profilo.

Successivamente sarà necessario provare la propria identità, caricando un documento valido a scelta tra passaporto, carta d'identità o patente di guida (Figura 10.4).

La procedura continua chiedendovi di scattare una foto in primo piano tramite la webcam del computer.

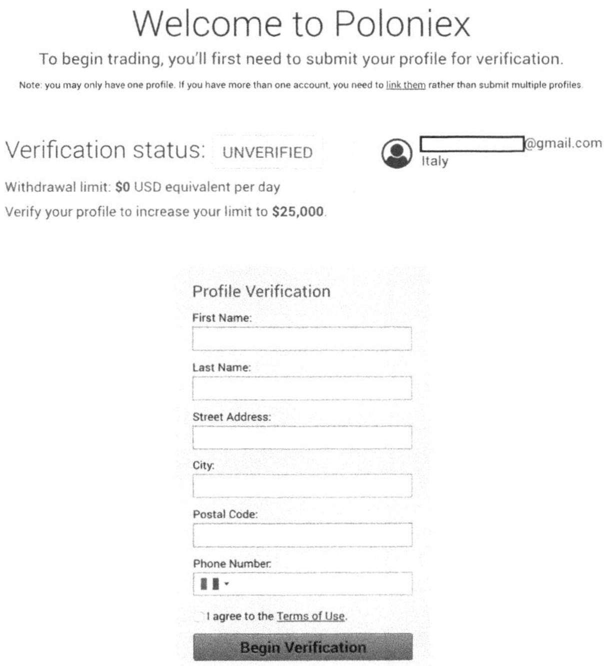

FIGURA 10.3 - La schermata di verifica dell'account di Poloniex.

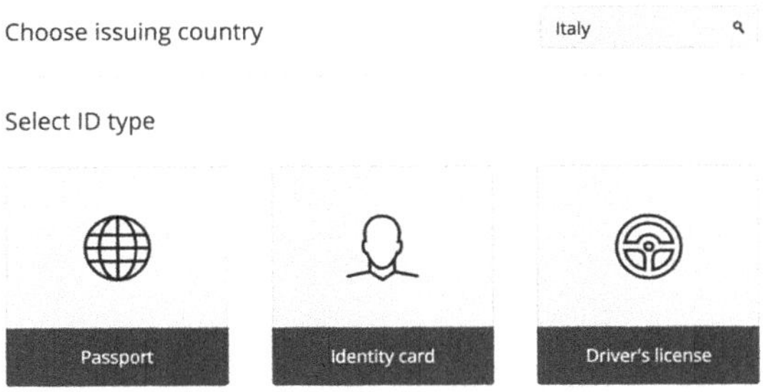

FIGURA 10.4 Selezione di un documento di verifica dell'account di Poloniex.

Una volta caricati i documenti, possiamo monitorare l'avanzamento della richiesta sotto "My profile" e, dopo la comparsa del campo "Verification status: VERIFIED", si potrà iniziare a operare con Poloniex.

Terminati questi passaggi, Poloniex consente di depositare criptovaluta e di prelevarla per un importo massimo di 25.000 dollari di controvalore (Figura 10.5).

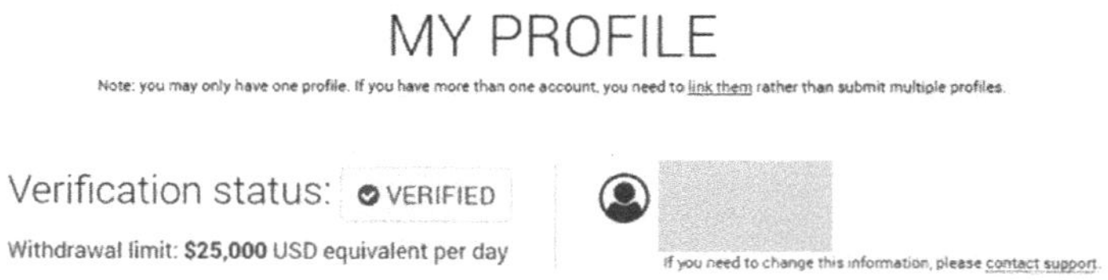

FIGURA 10.5 - La schermata di avvenuta verifica dell'account di Poloniex.

DEPOSITARE BITCOIN SU POLONIEX

Per depositare Bitcoin o altre criptovalute su Poloniex, sarà sufficiente seguire questi semplici passaggi. Nella barra di navigazione selezioniamo "Balances" e poi "Deposit & Withdrawals" (Figura 10.6).

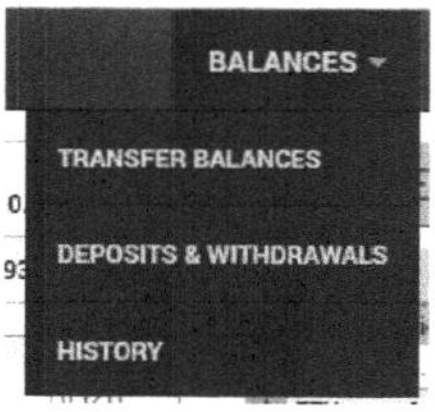

FIGURA 10.6 - La funzione "Deposit & Withdrawals" dal menu "Balances".

Saremo quindi indirizzati a una pagina con una tabella, in cui sono riportate tutte le criptovalute negoziate su Poloniex. A titolo di esempio, eseguiamo la procedura per depositare Bitcoin. Nella tabella, cerchiamo la riga del Bitcoin e clicchiamo su "Deposit" (Figura 10.7).

Ci apparirà un messaggio di allerta, che ci ricorda come sul wallet Bitcoin sia possibile depositare solo e soltanto Bitcoin (Figura 10.8).

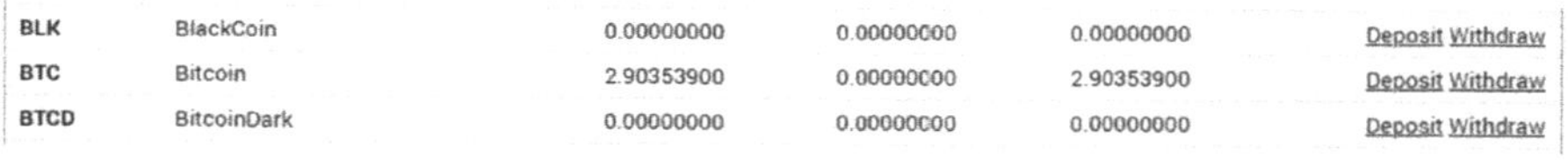

FIGURA 10.7 - Il saldo del conto Poloniex.

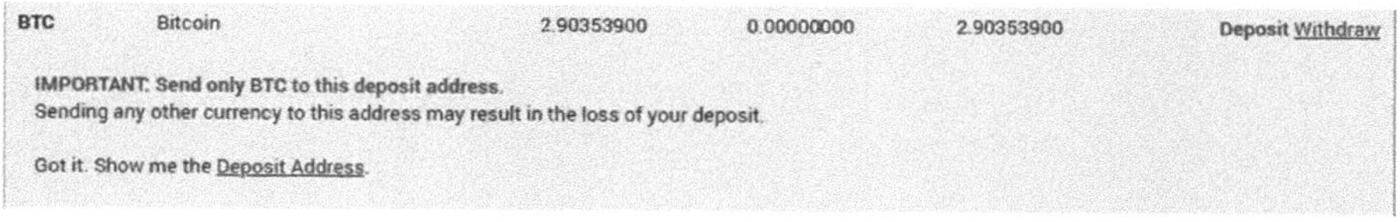

FIGURA 10.8 - L'alert che segnala come sia possibile depositare solo Bitcoin.

Clicchiamo sul tasto "Deposit Address" e ci comparirà l'indirizzo del wallet verso il quale possiamo depositare Bitcoin (Figura 10.9).

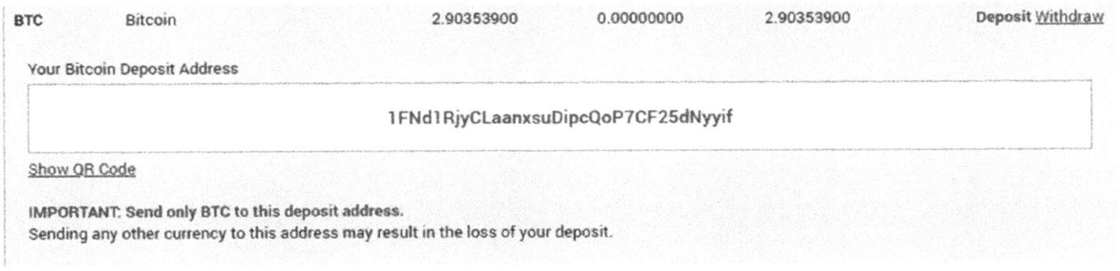

FIGURA 10.9 - La schermata con l'indirizzo del wallet.

PRELEVARE BITCOIN DA POLONIEX

Per prelevare Bitcoin da Poloniex è sufficiente seguire la procedura del punto precedente ma, invece che cliccare su "Deposit", procediamo con "Withdraw".

Ci verrà mostrato un form in cui inserire l'address di destinazione e l'ammontare di Bitcoin da prelevare (Figura 10.10).

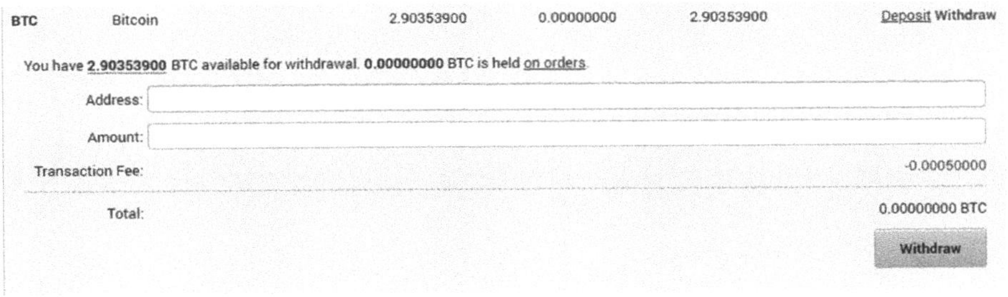

FIGURA 10.10 - Prelevare Bitcoin da Poloniex.

Per completare il prelievo, clicchiamo sul tasto "Withdraw" e confermiamo l'operazione seguendo il link incluso nell'email che Poloniex ci invierà. Questa doppia conferma aumenta la sicurezza del nostro account.

La procedura è la medesima qualora vogliamo trasferire le altre criptovalute abilitate su Poloniex.

ACQUISTARE O VENDERE BITCOIN SU POLONIEX

Anche il processo d'acquisto o vendita è molto semplice e intuitivo. Nel menu principale, in alto a sinistra, selezioniamo "Exchange" (Figura 10.11).

FIGURA 10.11 – Il menu "Exchange" nella pagina principale di Poloniex.

Nella parte destra del sito, troviamo ora la lista di tutte le criptovalute scambiabili, raggruppate in quattro classi: cripto scambiate verso Bitcoin (BTC), cripto scambiate verso Ether (ETH), cripto scambiate verso Monero (XMR) e, infine, scambiate contro USD Theter (USDT) (Figura 10.12).

FIGURA 10.12 – La schermata "Markets".

A titolo di esempio, riportiamo la procedura per l'acquisto di Ether contro Bitcoin. Nella maschera "Markets" selezioniamo "BTC": a questo punto avremo tutti i cross contro Bitcoin. Scegliamo il cross di nostro interesse "ETH".

Nella pagina verrà visualizzato il grafico storico, le maschere per immettere gli ordini e, in fondo, i book di negoziazione (Figura 10.13).

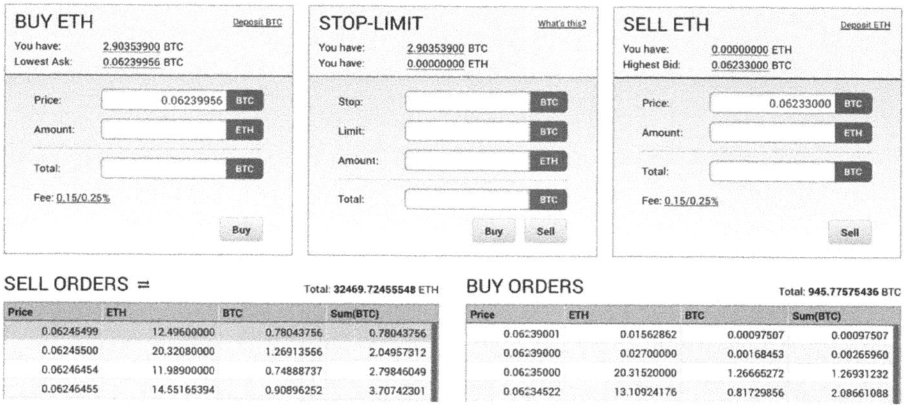

FIGURA 10.13 – La schermata che consente di inserire un ordine su Poloniex.

Nel nostro esempio desideriamo comprare Ether contro Bitcoin, quindi utilizzeremo la maschera di sinistra "BUY ETH". Nel campo "Price" indichiamo a che prezzo siamo disposti a effettuare la transazione e nel campo "Amount" quanti Ether intendiamo comprare. Il campo "Total" verrà invece compilato automaticamente con il controvalore di Bitcoin richiesto. Immettiamo l'ordine a mercato, cliccando semplicemente sul tasto "Buy".

In fondo alla pagina sono visualizzate due sezioni: "My open orders" e "Trade history". Su queste sezioni possiamo monitorare l'attività di trading. In "My open orders" sono riportati gli ordini a mercato non ancora eseguiti – in questa sezione è anche possibile cancellare un ordine immesso – mentre in "Trade history", selezionando "My trades", troviamo lo storico degli ordini eseguiti.

PARTE 3

Dormire serenamente

a cura di Alessandro De Lorenzo

L'incertezza della conoscenza
non è diversa dalla sicurezza dell'ignoranza.

Charles Bukowski

CAPITOLO 11

Wallet e sicurezza

Dopo aver acquistato il Bitcoin o, eventualmente, altre criptovalute, una delle necessità che l'investitore si trova a dover fronteggiare è come conservarli in modo sicuro. Con l'incremento di valore che le valute digitali hanno registrato nel corso degli ultimi anni, l'attività degli hacker informatici si è intensificata, rendendo più frequenti sia gli attacchi agli exchange sia la distribuzione di virus in grado di rubare le chiavi private dei portafogli digitali, se non adeguatamente conservate. È quindi evidente che, per evitare brutte sorprese e dormire serenamente, è necessario utilizzare tutta una serie di accorgimenti e strumenti specifici dedicati alle valute digitali.

In questa sezione del libro parleremo proprio di sicurezza. Lo faremo non solo da un punto di vista teorico ma anche portando alcuni esempi pratici, spiegati passo dopo passo. L'obiettivo finale è fornirvi le linee guida e gli elementi necessari per poter gestire in autonomia la sicurezza dei vostri investimenti in valute digitali.

COS'È UN WALLET DI CRIPTOVALUTE?

Tipicamente, quando parliamo di wallet, siamo portati a pensare al nostro portafogli, ovvero a un oggetto dentro cui conserviamo il denaro. Per esempio, ogni volta che andiamo al ristorante e ci tocca pagare un conto con denaro contante, non facciamo altro che aprire il portafogli, togliere le banconote ed eventualmente reinserire il resto.

La stessa funzione è svolta anche dai wallet Bitcoin, ma con una differenza sostanziale: il denaro non si trova nel portafogli. Data la natura non tangibile del Bitcoin e la sua organizzazione in blockchain, è impossibile pensare che sia separato dalla catena di transazioni che l'ha generato.

Il mondo del Bitcoin si appoggia su due fondamentali chiavi di accesso: quella pubblica e quella privata. Il wallet è proprio il "luogo elettronico" in cui tali chiavi vengono conservate e, solo interagendo con la blockchain, consente al proprietario di svolgere delle transazioni.

Una definizione più formale di wallet è la seguente:

> "Per wallet si intende un software che svolga le funzioni di un portafogli elettronico che memorizza tutte le credenziali digitali per accedere, spendere e trasferire i Bitcoin o altre valute digitali."

Un wallet Bitcoin è quindi più simile a una carta di credito, piuttosto che a un portafogli. Non contiene infatti il denaro ma solo le password per poter accedere al denaro. In sintesi, così come attraverso la carta di credito siamo in grado di collegarci al nostro conto bancario, allo stesso modo con un wallet Bitcoin siamo in grado di collegarci alla blockchain del Bitcoin.

FIGURA 11.1 - Wallet e blockchain.

Tutte queste considerazioni relative al wallet Bitcoin sono ovviamente trasversali al settore delle criptovalute. Allo stesso modo, esistono dei wallet specifici per Ripple, Ethereum e Dash, giusto per fare alcuni esempi. La logica di funzionamento di questi wallet è del tutto simile a quella del Bitcoin, con la sola differenza che questi insistono sulle rispettive blockchain.

IL WALLET È REALMENTE ANONIMO?

Parlare di anonimato totale riguardo alla blockchain del Bitcoin non è corretto. Si deve parlare piuttosto di pseudo-anonimato. Questo perché, ogni volta che viene svolta una transazione, resta sempre una traccia indelebile di una serie di informazioni associate alla transazione stessa. Se il Bitcoin è pseudo-anonimo, allora è ovvio come anche i suoi wallet lo siano.

In particolare, la proprietà di un wallet non è direttamente riconducibile a una persona fisica ma alcune informazioni relative alle transazioni svolte sono invece pubbliche e salvate in modo permanente sulla blockchain.

Le principali informazioni relative a una transazione Bitcoin sono le seguenti:

- Ora dell'invio.
- Importo.
- Indirizzo di provenienza.
- Indirizzo di destinazione.
- Dati della transazione precedente.

Tutte le transazioni in Bitcoin sono immagazzinate in uno specifico blocco, che a sua volta è collegato in ordine temporale con il blocco precedente. Come è mostrato nella Figura 11.2, dal blocco più recente che è stato creato al tempo *n* possiamo risalire al blocco del tempo *n-1*, da cui è possibile risalire al blocco del tempo *n-2* e via dicendo, fino ad arrivare al blocco 0, noto come "Genesis Block". Ecco dunque che, blocco dopo blocco, si crea una catena: la blockchain.

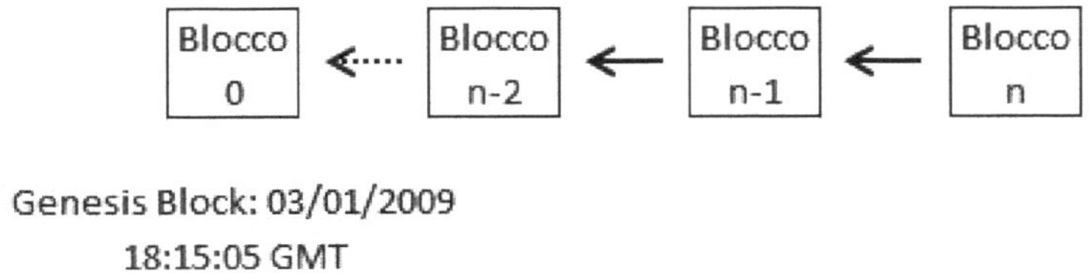

FIGURA 11.2 - Blocchi ordinati cronologicamente.

Esistono vari siti internet che offrono gratuitamente un servizio di consultazione della blockchain, tra i quali:

- https://blockexplorer.com
- https://blockchain.info
- https://blockchair.com

Se prendiamo come esempio il blocco numero 518.950 della catena Bitcoin, possiamo verificare le seguenti informazioni:

- Hash: 0000000000000000003e7c1d144d79162809db28db5c60ae39d25a0e0c115d8d
- Timestamp: Apr 19, 2018 2:34:31 PM
- Number of Transactions: 2.560
- Block Reward: 12,5 BTC
- Input: 44,4828 BTC
- Output: 44,4953 BTC
- Fees: 0,4126 BTC
- Reward: 12,9126 BTC
- Previous Block: 518.949
- Difficulty: 3.839.316.899.029,67
- Bits: 390.680.589
- Size (bytes): 960.008
- Nonce: 640.477.617

Nello specifico, questo blocco è stato creato il 19 aprile 2018 alle ore 2:34:31 PM, ha un certo codice hash composto da numeri e lettere, e contiene 2560 transazioni, per un totale di circa 31,5 Bitcoin al netto di "Block Reward" e "Fees".

A loro volta, tutte le transazioni inserite nel blocco sono pubbliche e consultabili. Come è mostrato nella Figura 11.3, è possibile verificare, per esempio, che la transazione con codice hash "88b9…2cd1" sia stata svolta tra i seguenti wallet:

- Wallet mittente: "1Po1oWkD2LmodfkBYiAktwh76vkF93LKnh"
- Wallet destinatario: "1MpFDMkKcKpWgV1xskAXZZ3GSGt6QfnHLh"

FIGURA 11.3 – Un esempio di transazione contenuta nel blocco 518950.

Questi codici alfanumerici prendono il nome di indirizzo (address) o chiave pubblica. A oggi, indipendentemente da come li si voglia chiamare, gli indirizzi definiscono in modo univoco ogni wallet della rete Bitcoin. Qualora non venga volontariamente dichiarata, l'identità del possessore non è mai associata all'indirizzo di un wallet. Ed è proprio qui che risiede il concetto di pseudo-anonimato del Bitcoin e dei rispettivi wallet.

CHIAVE PUBBLICA E CHIAVE PRIVATA

Abbiamo già introdotto nei paragrafi precedenti il concetto di chiave pubblica e chiave privata, proviamo ora a darne una spiegazione esaustiva.

La chiave pubblica e quella privata sono alla base della crittografia asimmetrica. Come viene mostrato nella Figura 11.4, il mittente (A) utilizza la chiave pubblica del destinatario (B) per cifrare il messaggio, dando la possibilità a quest'ultimo di essere l'unico a decifrarlo con la propria chiave privata.

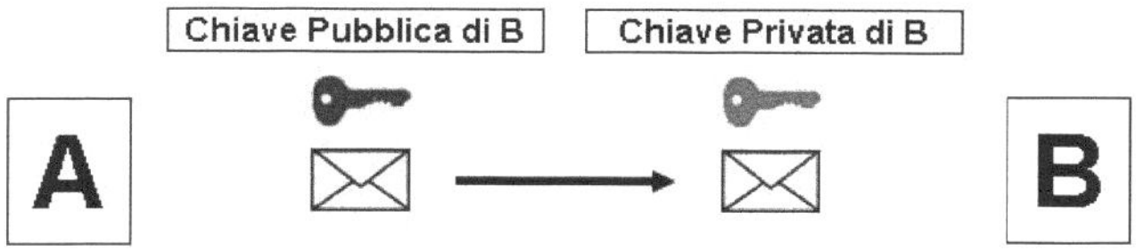

FIGURA 11.4 - Un esempio di cifratura asimmetrica.

Proviamo a portare questi concetti nel campo dei Bitcoin:

- Chiave pubblica (o chiave di cifratura): è l'indirizzo associato in maniera univoca a un certo wallet. Il mittente di una transazione in Bitcoin deve quindi conoscere la chiave pubblica del destinatario.
- Chiave privata (o chiave di decifratura): è il codice alfanumerico che permette di confermare il possesso dei Bitcoin e sbloccarli per eventuali transazioni.

La chiave pubblica e quella privata sono indissolubilmente legate tra loro. Soltanto con l'uso congiunto della chiave privata e di quella pubblica si è in grado di generare una transazione e trasferire Bitcoin. È ovvio, però, che la questione della sicurezza sia tutta incentrata sulla conservazione della chiave privata.

Nei prossimi due capitoli presenteremo in modo dettagliato le principali soluzioni disponibili per creare e gestire i wallet in totale sicurezza.

CAPITOLO 12

Hot Storage Wallet

Si definisce "Hot Storage" la conservazione di criptovaluta mediante un hardware connesso in modo diretto e continuativo a Internet. Gli hot wallet si distinguono in:

- Online Wallet.
- Mobile Wallet.
- Desktop Wallet.

Questi wallet rappresentano la miglior soluzione per gli utenti che svolgono delle transazioni in Bitcoin in modo frequente e di piccolo importo. Si tratta di wallet di semplice implementazione, estremamente pratici e fruibili con vari dispositivi. Ovviamente tutto ha un prezzo e, in questo caso, l'elevata praticità si tramuta in un livello di sicurezza inferiore rispetto ai cold storage wallet. Gli hot wallet sono infatti più esposti ad attacchi hacker o al rischio di smarrimento dell'hardware su cui sono installati.

ONLINE WALLET

Questo tipo di wallet è in realtà un servizio internet offerto da siti dedicati che garantiscono un accesso da qualunque computer e in qualsiasi parte del mondo. È un wallet semplice da configurare e senza nessun onere di gestione ma, al contempo, presuppone una sorta di atto di fiducia nei confronti della società che gestisce il servizio stesso.

In questa categoria rientrano anche tutti i wallet che utilizziamo per comprare e vendere valuta digitale negli account dei tradizionali exchange centralizzati. Spesso si è portati a lasciare le criptovalute depositate presso gli exchange con l'idea che in caso di liquidazione dell'investimento il processo sarebbe più rapido e semplice. Questo tipo di considerazione può essere condivisibile ma dobbiamo aver presente che ci espone a un altro rischio, ovvero che l'exchange venga hackerato o che, nel peggiore dei casi, fallisca. Quanto successo con MtGox non va mai scordato.

Gli exchange wallet sono dunque consigliabili per gli utenti che svolgono un trading attivo di breve e medio periodo ma non per quelli che hanno un obiettivo di investimento di lungo termine. In quest'ultimo caso, è consigliabile configurare un cold wallet.

MOBILE WALLET

Il mobile wallet è un software installabile sul proprio smartphone e consente con facilità di trasferire criptovaluta per effettuare pagamenti. Anche in questo caso, il prezzo da pagare è il maggior rischio che virus informatici possano decifrare le nostre credenziali e svuotare il wallet. Inoltre, la perdita o la rottura dello smartphone potrebbe causare l'impossibilità di recuperare la chiave privata del wallet.

DESKTOP WALLET

Il desktop wallet è un software installabile sul PC ed è accessibile solo dal computer sul quale è stato installato. I rischi associati aumentano notevolmente qualora il computer sia utilizzato in modo continuativo per navigare su Internet. In tal caso, la probabilità di scaricare, anche a propria insaputa, un virus aumenta in modo esponenziale, rendendo il wallet facilmente attaccabile.

ESEMPI DI HOT STORAGE WALLET

Prima di scegliere quale hot wallet usare, è bene porsi alcune domande circa l'utilizzo che se ne vuole fare:

- Si necessita di un wallet che possa gestire diverse criptovalute o una singola?

- Deve essere accessibile da mobile o è sufficiente dal computer di casa?
- Deve essere facile nell'utilizzo di tutti i giorni o deve essere il luogo sicuro in cui depositare le valute in ottica di un investimento a lungo termine?

Nelle prossime sezioni del libro presentiamo alcuni tra i principali hot wallet.

Blockchain.info https://blockchain.info/it/wallet/#/

Blockchain.info nasce storicamente come un sito internet che permetteva di navigare all'interno della blockchain del Bitcoin e consultare informazioni riguardanti specifici blocchi o transazioni. È poi stata aggiunta la possibilità di creare dei web wallet Bitcoin in modo semplice e sicuro. Così facendo, in pochissimo tempo Blockchain.info è diventato il servizio wallet più famoso al mondo, utilizzato da milioni di utenti in oltre 120 Paesi.

Al momento il servizio di wallet è attivo non solo per Bitcoin ma anche per Bitcoin cash ed ether. Sono inoltre disponibili le app per smartphone sia per sistemi operativi Android sia per iOS, scaricabili ai seguenti link:

- Google Play: https://play.google.com/store/apps/details?id=piuk.blockchain.android
- Apple Store: https://itunes.apple.com/us/app/blockchain-Bitcoin-wallet/id493253309

Vediamo ora, passo dopo passo, come creare un wallet Bitcoin. Sulla barra di navigazione del browser digitiamo il seguente indirizzo internet:

"https://blockchain.info/it/wallet/#/"

e una volta caricata la pagina clicchiamo sul tasto "Get a free Wallet", che si trova in alto a destra.

FIGURA 12.1 - L'home page del sito Blockchain.info.

Siamo quindi reindirizzati su un form di registrazione in cui dobbiamo inserire email e password, come mostrato nella Figura 12.2.

FIGURA 12.2 - Il form di registrazione per creare un wallet su Blockchain.info.

Per motivi di sicurezza, Blockchain.info ci invierà un'email di verifica all'interno della quale troveremo il tasto "Si, questa è la mia email". Diamo conferma e terminiamo il processo di registrazione (Figura 12.3).

FIGURA 12.3 - La verifica dell'email usata per la registrazione dell'account su Blockchain.info.

Dopo aver svolto questi semplicissimi passaggi, siamo in grado di entrare nell'account. Quello che appare è un cruscotto che sintetizza le informazioni riguardanti il nostro conto (Figura 12.4).

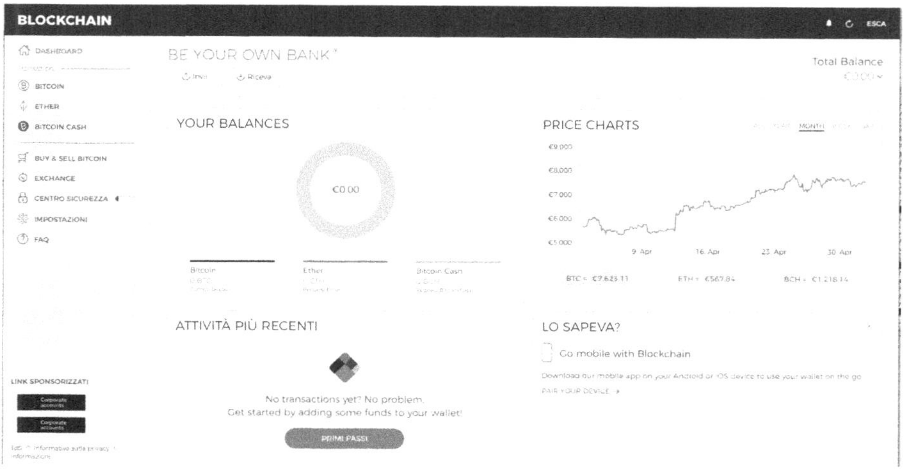

FIGURA 12.4 - Il Dashboard dell'account su Blockchain.info.

Nella barra di navigazione a sinistra troviamo la sezione "Transazioni", con le tre valute digitali supportate da Blockchain.info. Cliccando su Bitcoin, veniamo indirizzati alla pagina che visualizza il contenuto del wallet Bitcoin: il saldo e l'elenco di tutte le transazioni svolte inviate o ricevute (Figura 12.5).

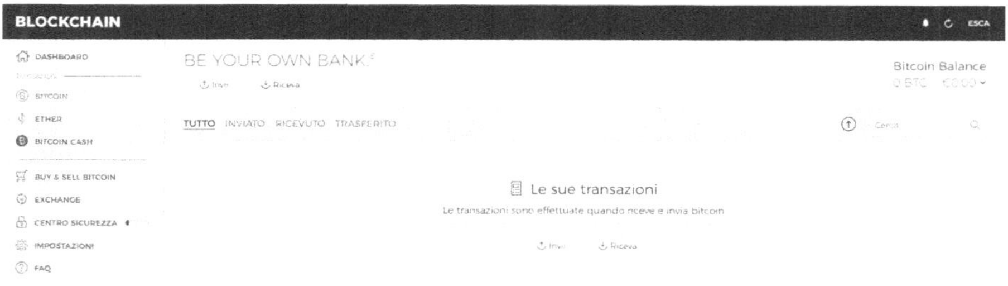

FIGURA 12.5 - La pagina del wallet Bitcoin nell'account su Blockchain.info.

Per depositare dei Bitcoin sul wallet che abbiamo appena creato, è necessario conoscere la chiave pubblica. Per fare questo, basta cliccare sul tasto "Riceva" e si aprirà un pop-up con l'indirizzo, come nell'esempio della Figura 12.6.

FIGURA 12.6 - La chiave pubblica del wallet per ricevere Bitcoin.

Al contrario, se volessimo prelevare i Bitcoin dal wallet, dobbiamo selezionare il tasto "Invii" nella schermata della Figura 12.5. Apparirà un pop-up da completare con indirizzo del destinatario, importo da trasferire e tipo di commissione.

È infatti possibile scegliere se pagare una commissione "Regular" o "Priority". Usando la seconda opzione, la transazione sarà verificata rapidamente, ma sarà soggetta a una commissione più alta (Figura 12.7).

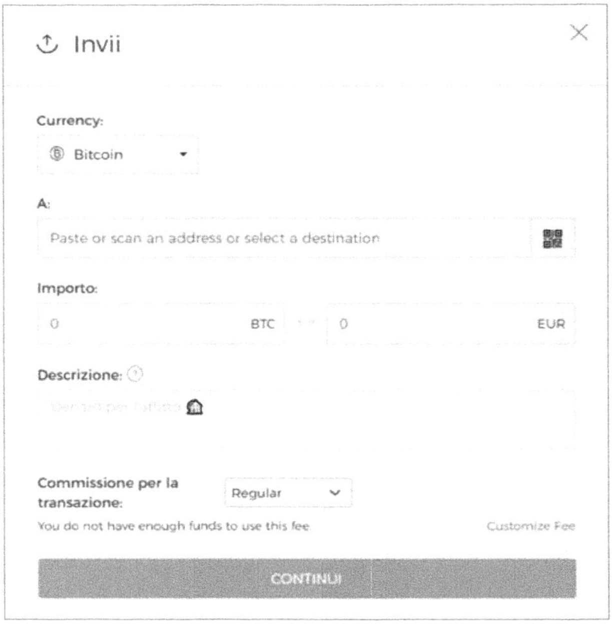

FIGURA 12.7 - La schermata per poter inviare Bitcoin.

Jaxx https://jaxx.io

Jaxx è un wallet sviluppato dalla società canadese Decentral, fondata e diretta da Anthony Di Iorio, già cofondatore di Ethereum nel 2014. Il vero punto di forza di questo wallet è quello di supportare molte valute digitali e numerosi token, il tutto con un'interfaccia grafica semplice e intuitiva.

Alla seguente pagina internet: "https://jaxx.io/downloads.html" si trovano i link per scaricare il wallet. Jaxx è disponibile in varie versioni, compatibili con i principali sistemi operativi e dispositivi mobili (Figura 12.8).

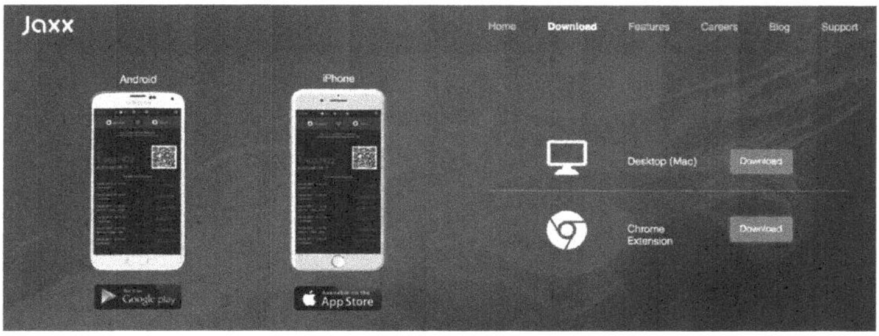

FIGURA 12.8 - La pagina di download del wallet Jaxx.

A titolo di esempio, vediamo quali sono i passaggi per creare il wallet su smartphone con sistema operativo Android. Una volta scaricata l'app da Google Play, viene chiesto di scegliere tra la modalità "Express" o "Custom". Selezioniamo la prima opzione, come viene mostrato nella Figura 12.9.

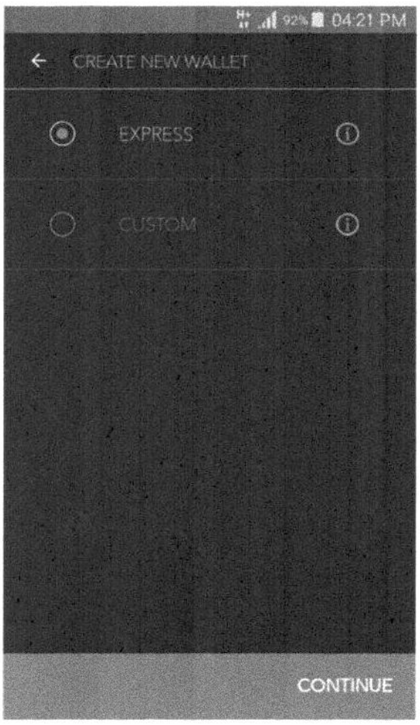

FIGURA 12.9 - La creazione del wallet Jaxx in modalità "Express".

Nella schermata successiva dobbiamo decidere la valuta associata al wallet. Clicchiamo, per esempio, su Bitcoin (Figura 12.10).

Giusto un attimo di attesa e il wallet è stato creato. Come potete osservare nella Figura 12.11, la dashboard mostra le principali informazioni del wallet Bitcoin, tra cui la chiave pubblica, il saldo del conto e l'elenco delle transazioni.

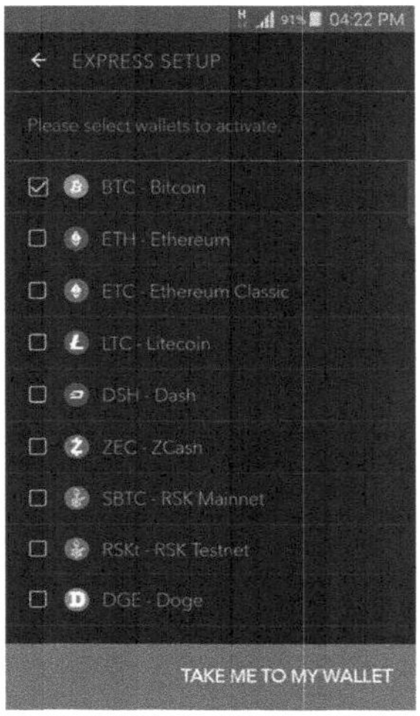

FIGURA 12.10 - La creazione del wallet Bitcoin con l'app Jaxx per smartphone Android.

FIGURA 12.11 - Dashboard del wallet Bitcoin con l'app Jaxx per smartphone Android.

Jaxx ha inoltre integrato il servizio di conversione sviluppato dalla società ShapeShift. Cliccando sul tasto "Exchange", si apre una schermata come quella della Figura 12.12, all'interno della quale dobbiamo inserire l'importo di Bitcoin da convertire e la valuta di destinazione. Una volta accettato il tasso di cambio, attendiamo alcuni minuti prima che la transazione sia confermata e visualizzata nel portafoglio.

Come abbiamo già scritto, Jaxx è in grado di supportare varie valute e token. Nella sezione "Wallets" del menu principale, è sufficiente selezionare le valute di nostro interesse per creare e aggiungere nuovi wallet. Per esempio, nella Figura 12.13 spuntiamo Bancor, Civic e Qtum.

FIGURA 12.12 - La funzionalità "Exchange" del wallet Jaxx.

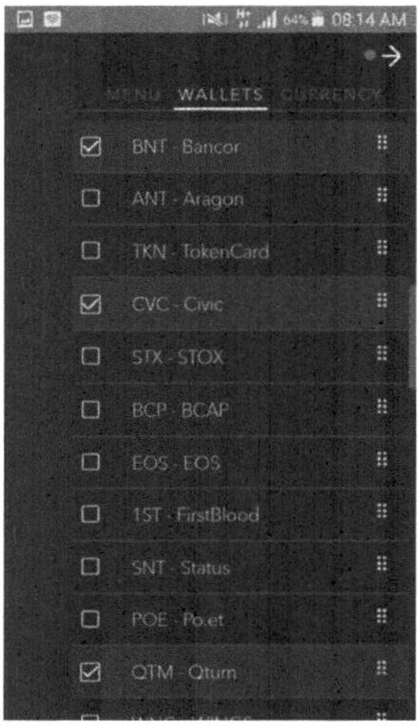

FIGURA 12.13 - Selezione di Bancor, Civic e Qtum con l'app Jaxx.

Così facendo si creano i nuovi wallet e, nella barra superiore dell'app, è possibile navigare tra tutte le valute che abbiamo selezionato, consultando i relativi portafogli.

Copay https://copay.io

Copay è un wallet Bitcoin di tipo open source, apprezzato dagli utenti non esperti per la sua interfaccia semplice ma anche dagli utenti evoluti per le sue numerose funzionalità. Questo wallet è disponibile in varie versioni compatibili con i principali sistemi operativi e dispositivi mobili. A titolo di esempio, vediamo come configurare il wallet sull'iPhone.

Innanzitutto è necessario scaricare dall'Apple Store l'app "Copay Bitcoin Wallet" e cliccare sul tasto "Inizia" (Figura 12.14).

FIGURA 12.14 - La schermata iniziale per creare un wallet Bitcoin con l'app di Copay.

Dopo alcuni semplici passaggi informativi, ci viene chiesto se inserire una password per aumentare il grado di sicurezza. Consigliamo di completare questo passaggio, avendo però ben presente che la password non potrà essere recuperata. È quindi estremamente importante utilizzare una password che ci ricordiamo o, meglio ancora, salvarla in modo sicuro, per esempio con un supporto cartaceo ben conservato (Figura 12.15).

Una volta dato il nome al portafoglio, basta cliccare sul tasto "Crea portafoglio Bitcoin" e il wallet comparirà nella parte alta dell'app, come viene mostrato nella Figura 12.16. Inoltre, è possibile utilizzare dei servizi esterni per comprare e vendere Bitcoin, tra cui Coinbase e Glidera (Figura 12.16).

FIGURA 12.15 - La schermata per inserire la password del wallet Copay.

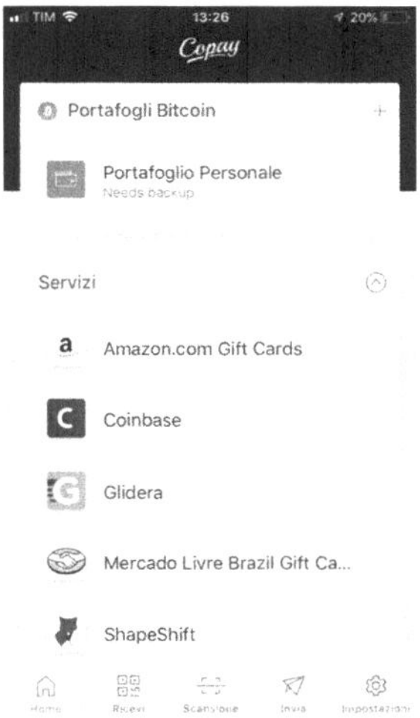

FIGURA 12.16 - L'home page del wallet Copay.

Per garantire un eventuale recupero del wallet, a seguito di ogni sorta di problema tecnico, è fondamentale svolgere il backup. L'app ci segnala con la dicitura "Needs backup" se dobbiamo ancora svolgere questa attività.

In caso affermativo, ci verranno proposte dodici parole chiave, da conservare nel medesimo ordine e con estrema cura. Un esempio è rappresentato nella Figura 12.17.

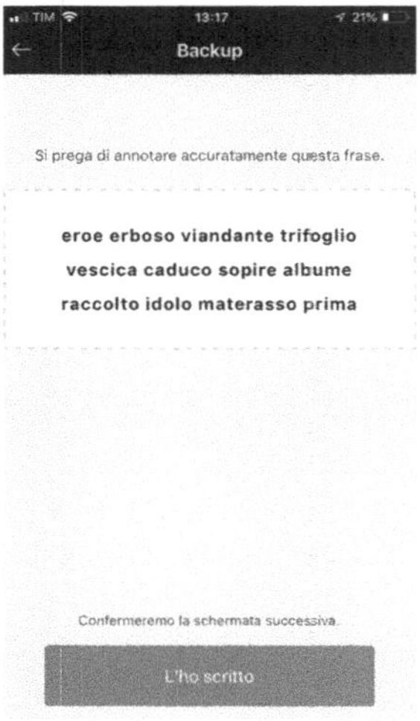

FIGURA 12.17 - Un esempio di dodici parole chiave per effettuare il backup del wallet.

Per confermare, ci viene richiesto di selezionare in modo ordinato le stesse parole chiave, che troveremo scritte in modo sparso (Figura 12.18).

FIGURA 12.18 - La conferma delle dodici parole chiave per effettuare il backup del wallet.

Dopo questi semplici passaggi il backup del wallet verrà eseguito. Ovviamente è a carico dell'utente preservare la sicurezza della password e delle dodici parole chiave.

Green Address https://greenaddress.it

Green Address è un wallet Bitcoin di facile implementazione e disponibile per vari dispositivi. Se utilizzate Google Chrome come browser di navigazione, allora sarà estremamente semplice e veloce creare un wallet.

Sull'homepage del sito clicchiamo sul tasto "Crea il tuo portafoglio" e, dopo essere stati indirizzati sul sito di Google Play, installiamo la componente aggiuntiva "GreenAddress Bitcoin Wallet" (Figura 12.19).

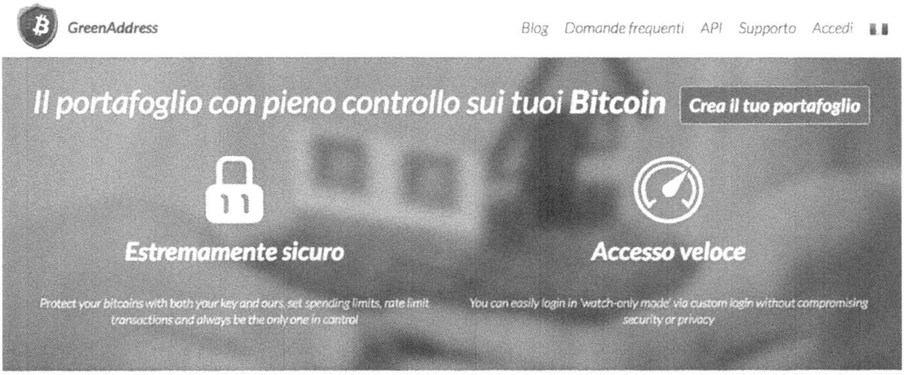

FIGURA 12.19 - L'home page del sito Greenaddress.it.

Si apre una nuova schermata in cui dobbiamo cliccare sulla scritta in alto a destra "Crea un nuovo portafogli" (Figura 12.20).

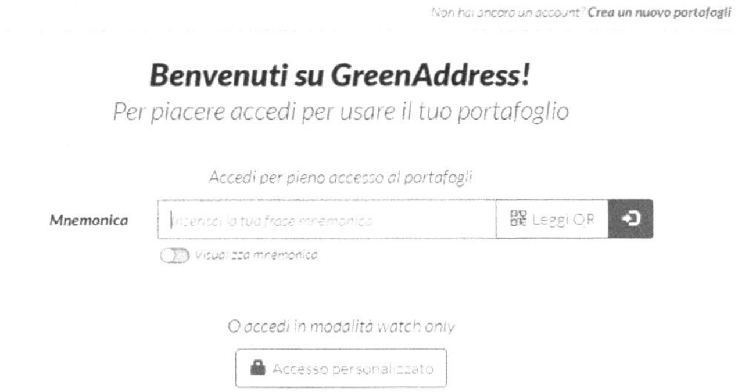

FIGURA 12.20 - La schermata iniziale per creare un nuovo wallet con Greenaddress.it.

Ci vengono comunicate ventiquattro parole chiave, da trascrivere esattamente nell'ordine indicato. Questo passaggio è cruciale. Le parole devono essere conservate nel miglior modo possibile e con estrema accuratezza, perché in caso di smarrimento non sarà possibile recuperarle in nessun modo e perderemo per sempre l'accesso al wallet (Figura 12.21).

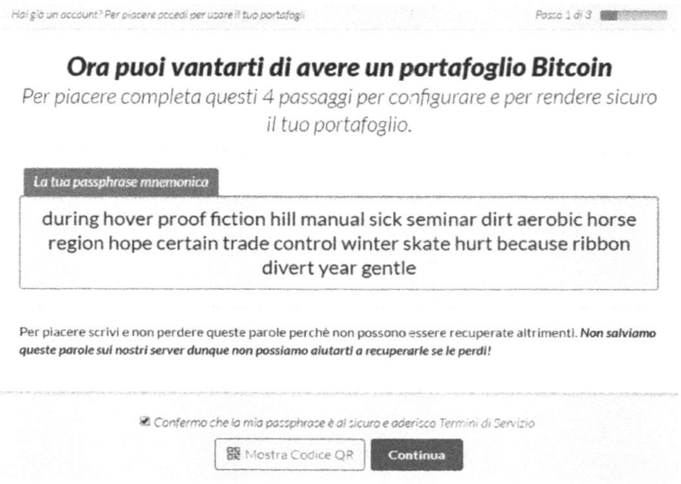

FIGURA 12.21 - Un esempio di parole chiave da trascrivere per attivare un wallet con Greenaddress.it.

Una volta salvate le parole chiave, ci verrà richiesto in maniera casuale di confermare alcune di queste parole, come viene mostrato nell'esempio nella Figura 12.22.

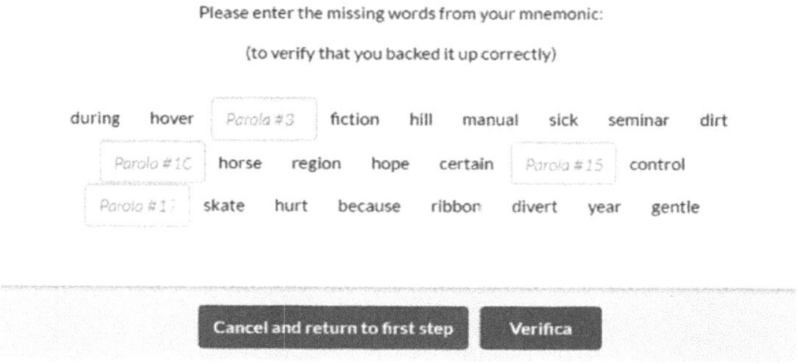

FIGURA 12.22 - Un esempio di conferma delle parole chiave per attivare un wallet.

Clicchiamo sul tasto "Verifica" e, se avremo svolto tutto in modo corretto, allora avremo la possibilità di aumentare il grado di sicurezza con un'autenticazione a due fattori, mediante l'uso dell'email, Google Authenticator, SMS o del nostro telefono (Figura 12.23).

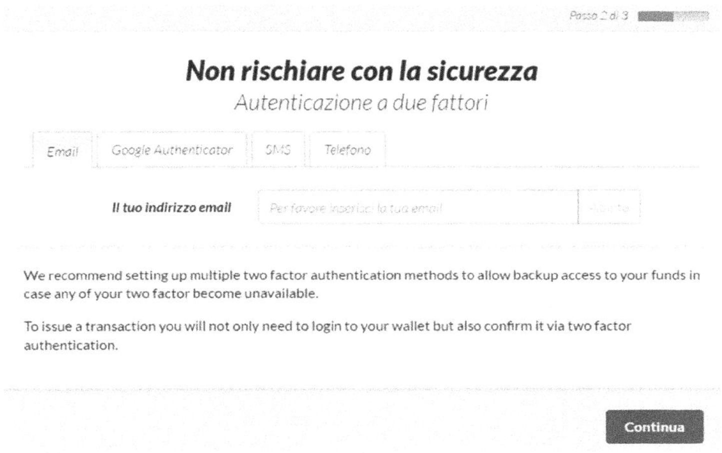

FIGURA 12.23 - La schermata per aggiungere due fattori di autenticazione del wallet.

Inoltre, si può predisporre anche un codice PIN per garantire un accesso sicuro e veloce al wallet (Figura 12.24).

FIGURA 12.24 - La schermata per inserire il codice PIN per l'accesso rapido e sicuro al wallet.

Una volta completati tutti questi semplici passaggi, veniamo indirizzati sulla pagina principale del wallet, che presenta le classiche funzionalità relative alle transazioni: invio e ricezione (Figura 12.25).

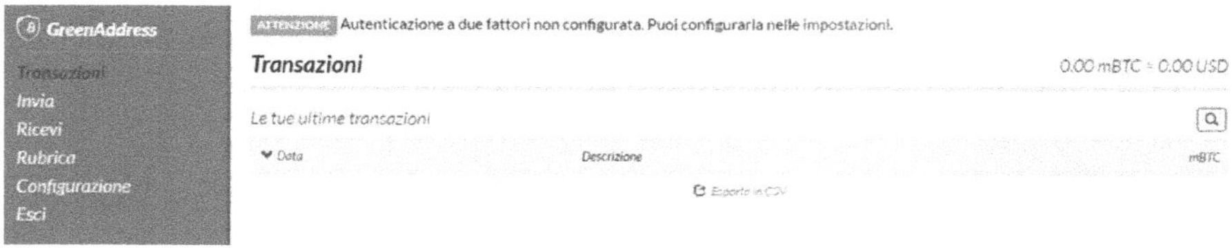

FIGURA 12.25 - La pagina principale del wallet Bitcoin creato con Greenaddress.it.

Armory https://www.Bitcoinarmory.com

Armory è un wallet Bitcoin di tipo open source che garantisce un elevato livello di sicurezza. In particolare, uno dei vantaggi di questo wallet è di associare un cold storage wallet a un desktop client sempre connesso alla rete. Così facendo aumenta nettamente il livello di sicurezza del wallet. Tuttavia, il servizio offerto da Armory non è al momento di facile utilizzo ed è consigliato solo a utenti esperti.

CAPITOLO 13

Cold Storage Wallet

Si definisce "Cold Storage" la conservazione di criptovaluta mediante un dispositivo completamente scollegato da Internet.

I cold wallet si distinguono in:

- Hardware Wallet.
- Paper Wallet.

Per l'utente alla ricerca della massima sicurezza, questi wallet sono senza dubbio la scelta più indicata. Non si può dire la stessa cosa per quegli utenti che svolgano numerose transazioni o per quelli meno esperti. L'elevata sicurezza garantita dai cold wallet si ottiene infatti a discapito della fruibilità e semplicità di utilizzo.

Comunque sia, anche questi wallet non sono esenti da rischi. Basti pensare ai paper wallet. Un eventuale smarrimento del foglio di carta con scritta la chiave privata determinerebbe la perdita irrimediabile delle proprie valute.

Nei prossimi paragrafi cercheremo di fornire alcuni esempi pratici per comprendere meglio il funzionamento di questi wallet.

HARDWARE WALLET

Gli hardware wallet sono dispositivi fisici su cui è possibile conservare le chiavi private per dimostrare la proprietà dei Bitcoin e delle principali criptovalute. Uno dei principali hardware wallet è una penna USB appositamente configurata, sulla quale vengono conservate offline le vostre chiavi private. I vantaggi in termini di sicurezza di questa soluzione sono molteplici. Questi wallet sono installati direttamente sulla chiave USB e non richiedono nessun tipo di installazione sul nostro computer. Inoltre, la chiave USB nasce per ospitare esclusivamente il software del wallet, rendendola meno attaccabile da virus o malware.

Dal punto di vista della praticità di utilizzo, gli hardware wallet non sono sicuramente al pari dei mobile wallet ma comunque, trattandosi di una penna USB di modeste dimensioni, garantisce una certa portabilità. Le interfacce necessarie al loro funzionamento non devono essere installate sui PC, quindi possono essere richiamate dall'utente con qualunque computer.

Nel caso di smarrimento o danneggiamento della chiave USB, è comunque possibile, seguendo una procedura di ripristino online, recuperare le chiavi private.

Il principale limite degli hardware wallet è la fiducia. Così come avviene per tutte le tipologie di wallet, fatta eccezione per i paper wallet, l'utente deve porre la propria fiducia in un terzo soggetto. Nel caso degli hardware wallet si tratta delle società produttrici del dispositivo.

Ledger Nano S https://www.ledgerwallet.com

Ledger Nano S è un hardware wallet che consente di conservare più di 25 criptovalute differenti (Figura 13.1). Al momento è il più economico hardware wallet presente sul mercato, è di facile configurazione anche per gli utenti non esperti e può essere collegato e usato da qualunque computer.

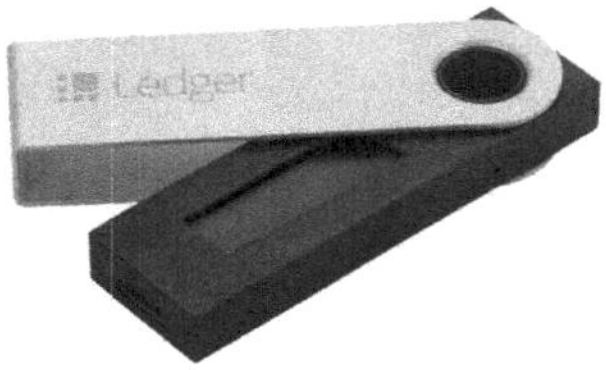

FIGURA 13.1 - Ledger Nano S Wallet.

La presenza dello schermo è garanzia di un elevato livello di sicurezza. Durante la fase di setup della Nano S, sullo schermo appariranno le 24 parole necessarie per ripristinare il wallet in caso di smarrimento o danneggiamento della chiavetta. Questa procedura avviene in modalità offline, ovvero al riparo da possibili furti di informazioni. A garantire un elevato livello di sicurezza è anche la presenza di due pulsanti fisici necessari per validare le operazioni: questo aspetto rende molto difficile un attacco hacker alla chiavetta.

Una nota a sfavore della Ledger Nano S è la mancanza, per il momento, del "passphrase". Questa funzionalità permette di aggiungere alle 24 parole fornite dalla casa produttrice un ulteriore testo scelto dall'utente, che aumenterebbe, quindi, il livello di sicurezza. Questo perché, in caso di furto delle 24 parole, sarebbe necessario conoscere anche il testo inserito dall'utente per poter accedere al wallet.

Ledger Nano S è compatibile con i principali sistemi operativi: Windows (7+), MacOS (10.9+), Linux o Chrome OS.

Trezor https://trezor.io

Trezor è un hardware wallet che consente di conservare più di 25 criptovalute differenti (Figura 13.2). Le caratteristiche sono molto simili a quelle della Ledger Nano S e anche Trezor è dotato di uno schermo e di pulsanti fisici per la validazione delle transazioni. In più Trezor è già abilitato al "passphrase" e questo lo rende più sicuro in caso di furto delle 24 parole di ripristino.

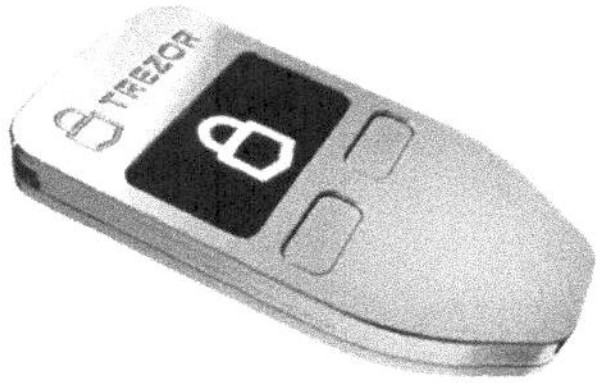

FIGURA 13.2 - Trezor Wallet.

PAPER WALLET

Il modo più sicuro per conservare le proprie criptovalute è sicuramente il paper wallet. Questa tipologia di wallet consiste nello stampare o trascrivere su carta la chiave pubblica e privata. Solitamente, le chiavi sono stampate sia in forma di codice alfanumerico sia sotto forma di QR code. I paper wallet sono la forma più sicura di conservazione poiché l'utente non deve porre la fiducia in nessuno, se non in se stesso. Con questi wallet non bisogna preoccuparsi del malfunzionamento dello smartphone o della penna USB né riporre fiducia in un exchange o tutelarsi da eventuali attacchi hacker. Nulla di tutto questo. L'unica cosa da fare è provvedere a conservare il foglio che contiene le chiavi private in un luogo sicuro.

Questo tipo di wallet non si presta agli utenti che hanno un tasso di movimentazione elevato delle valute, ma è invece consigliato per tutti quelli che cercano una soluzione sicura a tutela di una strategia d'investimento nel lungo periodo, del tipo "buy and hold".

La creazione di un paper wallet è affidata solitamente a un programma open-source che genera in modo univoco la chiave pubblica e privata. Per l'utente non esperto potrà sembrare una procedura complessa ma, in realtà, non è necessaria alcuna competenza di programmazione. Per portare a termine queste procedure, è necessario solamente prestare molta attenzione a tutti i passaggi. Prima di iniziare la creazione di un paper wallet è buona prassi controllare che il computer sia libero da virus e malware e che il sistema e tutti i dispositivi di sicurezza siano aggiornati all'ultima versione.

Vediamo ora due esempi di creazione di un paper wallet per Bitcoin e per Ether.

WalletGenerator https://walletgenerator.net

Con WalletGenerator è possibile generare un paper wallet in due modi differenti, il primo più semplice ma meno sicuro del secondo. Vediamoli entrambi.

Il primo metodo consiste semplicemente nell'accedere alla pagina di WalletGenerator (Figura 13.3) e muovere il mouse finché il contatore per la generazione di numeri casuali arriva a 0.

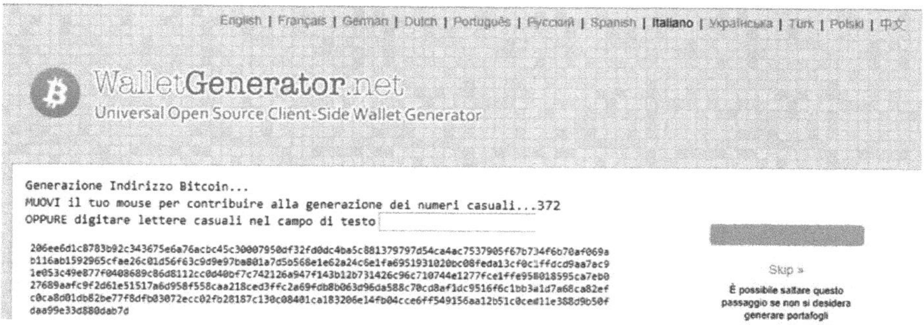

FIGURA 13.3 - La pagina iniziale del sito WalletGenerator.net.

Durante questa procedura vedrete dei puntini colorati apparire sul monitor del vostro computer; una volta terminata questa fase, apparirà in automatico la vostra chiave pubblica e privata, relativa al wallet appena creato (Figura 13.4).

FIGURA 13.4 - Un esempio di chiave pubblica e di chiave privata, generate con WalletGenerator.net.

Cliccando sul tasto "Print", è possibile stampare fisicamente il proprio paper wallet o, eventualmente, si può trascrivere a mano. In quest'ultimo caso è necessario prestare grandissima attenzione nello scrivere correttamente tutti i caratteri, minuscoli e maiuscoli.

Il secondo metodo di creazione del wallet è invece più sicuro, poiché la chiave pubblica e privata non vengono mostrate fintanto che il computer è collegato alla rete internet.

Sulla pagina principale di WalletGenerator clicchiamo sul link "Github" e scarichiamo il file "WalletGenerator.net-master.zip" (Figura 13.5).

FIGURA 13.5 - Il link per scaricare da Github il file "WalletGenerator.net-master.zip".

A questo punto togliamo la connessione internet al computer, in modo da renderlo isolato dalla rete. Procediamo aprendo il file .zip che abbiamo scaricato e lanciamo il file "index.html", come viene mostrato nella Figura 13.6.

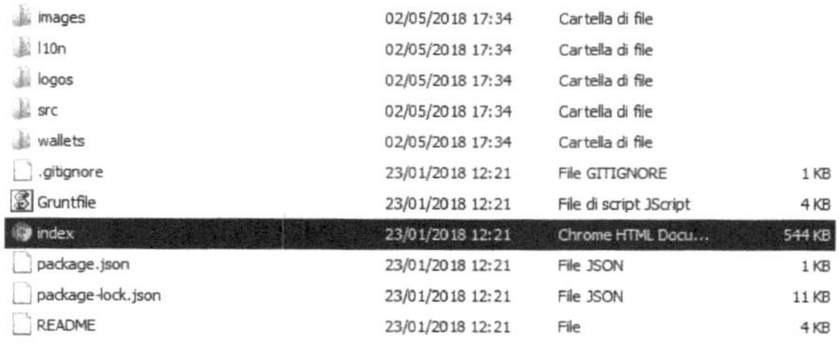

FIGURA 13.6 - I contenuti del file "WalletGenerator.net-master.zip".

Si aprirà quindi una pagina sul nostro browser, identica alla pagina principale di WalletGenerator ma, questa volta, offline. Procediamo muovendo il mouse finché il contatore di numeri casuali arriverà a 0 e, anche in questo caso, compariranno dei puntini colorati sul browser. Una volta terminata questa procedura, compariranno sul monitor la chiave pubblica e privata relative al wallet appena creato. Stampiamo o trascriviamo le chiavi e, prima di connettere il computer nuovamente alla rete internet, cancelliamo in modo definitivo il file "WalletGenerator.net-master.zip".

Per poter movimentare i Bitcoin contenuti in un paper wallet, è necessario utilizzare un "real client" compatibile con la criptovaluta di interesse. Nel caso del Bitcoin, possiamo trovarne alcuni al seguente link: "https://bitcoin.org/en/choose-your-wallet".

A titolo di esempio, utilizziamo il servizio offerto da GreenAddress, già presentato nel Capitolo 12, e procediamo creando un nuovo wallet. È ora necessario importare le chiavi private del paper wallet che si vuole attivare. Per farlo, clicchiamo prima sul tasto "Ricevi" nel menu di sinistra e poi su "Mostra opzioni avanzate" (Figura 13.7).

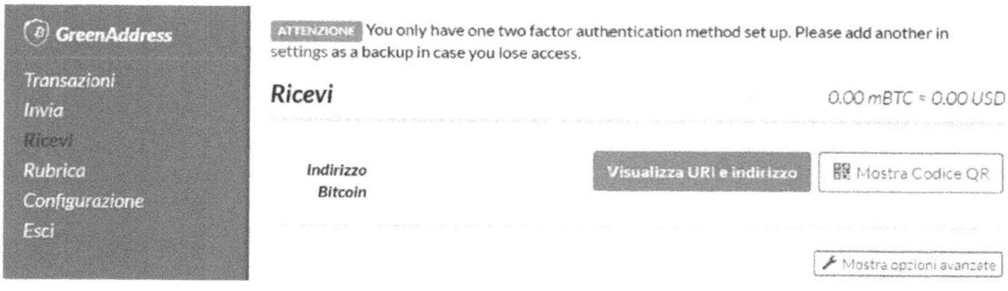

FIGURA 13.7 - La schermata per importare le chiavi private del paper wallet che si vuole attivare.

A questo punto dobbiamo semplicemente inserire la nostra chiave privata nel campo "Chiave privata in formato WIF o BIP38" e proseguire con "Acquisisci" (Figura 13.8).

FIGURA 13.8 - La schermata per inserire la chiave privata del wallet.

Così facendo, abbiamo reso di nuovo disponibili i Bitcoin associati al paper wallet. È importante precisare che da questo momento la chiave privata del paper wallet è stata spostata e comunicata al wallet del real client che stiamo utilizzando. Il paper wallet perde dunque i suoi connotati di sicurezza.

MyEtherWallet https://www.myetherwallet.com

Dopo aver visto come sia possibile costruire un paper wallet per Bitcoin, proseguiamo ora presentando il servizio MyEtherWallet, dedicato alla valuta di Ethereum.

Anche con MyEtherWallet è possibile utilizzare due metodi per generare un paper wallet: il primo è più semplice ma meno sicuro, mentre il secondo è poco più complesso ma decisamente più sicuro. L'unica differenza tra questi metodi risiede in realtà nell'utilizzare o non utilizzare un computer connesso a Internet.

Seguiamo passo dopo passo la prima procedura e iniziamo collegandoci al sito internet di MyEtherWallet (Figura 13.9).

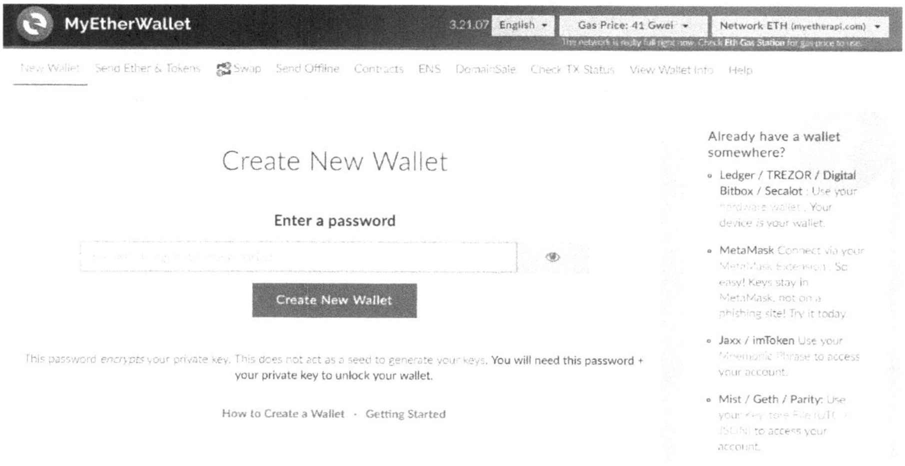

FIGURA 13.9 - L'homepage del sito "MyEtherWallet.com".

Inseriamo una password sufficientemente complessa e clicchiamo sul tasto "Create New Wallet". Nella pagina seguente clicchiamo su "Download Keystore (UTC / JSON)" e automaticamente parte il download di un file senza estensione (Figura 13.10). Questo file va conservato con cura poiché, come vedremo più avanti, ci servirà per accedere al wallet e predisporre le transazioni.

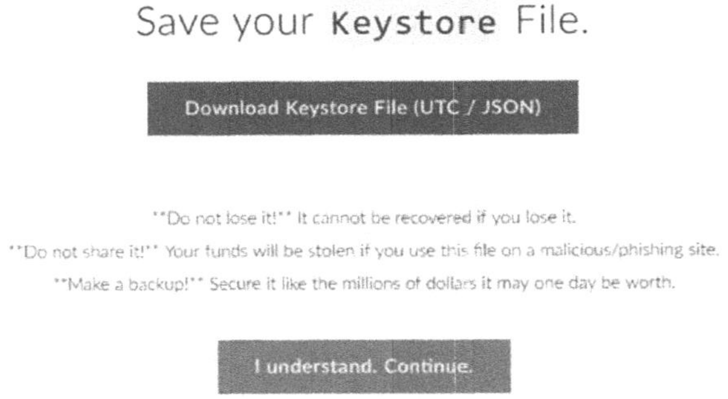

FIGURA 13.10 - La schermata per scaricare il file "Keystore".

Per ultimare la creazione del wallet clicchiamo sul tasto "I understand. Continue". Verrà quindi visualizzata la nostra chiave privata, come nell'esempio della Figura 13.11. Per concludere, clicchiamo su "Print Paper Wallet" e stampiamo le chiavi.

FIGURA 13.11 - Un esempio di chiave privata.

Passiamo ora alla seconda procedura per creare un paper wallet. Così come già fatto nel caso di "GenerateWallet", dobbiamo anzitutto scaricare un file .zip sul computer e poi lanciare un file .html.

Per scaricare il file .zip andiamo nella sezione "Help" del sito di MyEtherWallet, ricerchiamo la parola "Offline" e poi clicchiamo su "How to Run MyEtherWallet Offline and Locally". In questa nuova pagina troviamo il link per scaricare il file, come mostrato nella Figura 13.12.

FIGURA 13.12 – Il link per scaricare da Github il file "etherwallet-v3.21.07.zip".

Seguendo il link, arriviamo su una pagina di Github, dove possiamo selezionare per il download del file "etherwallet-v3.21.07.zip" (Figura 13.3).

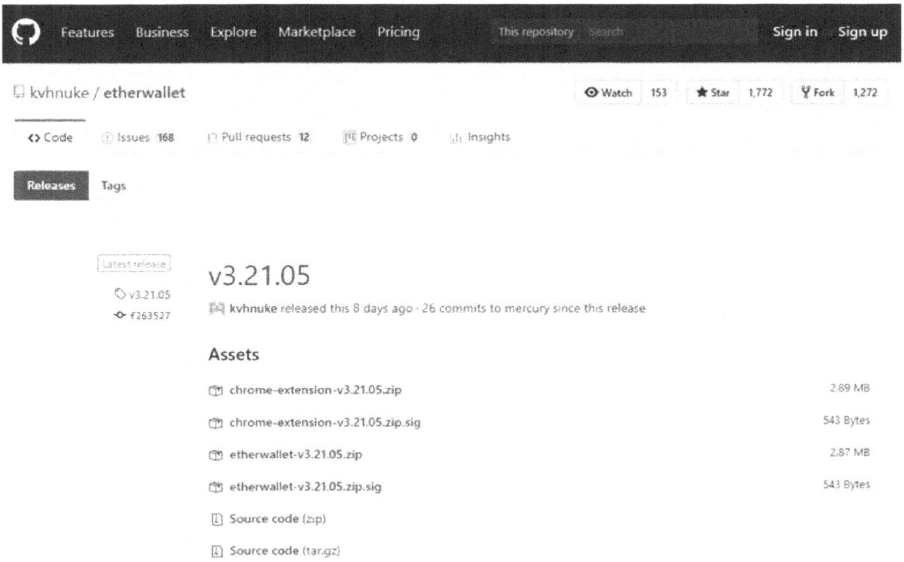

FIGURA 13.13 – La pagina di Github per scaricare il file "etherwallet-v3.21.07.zip".

A questo punto togliamo la connessione internet al computer, in modo da renderlo isolato dalla rete. Procediamo aprendo il file "etherwallet-v3.21.07.zip" e lanciamo il file "index.html" (Figura 13.14).

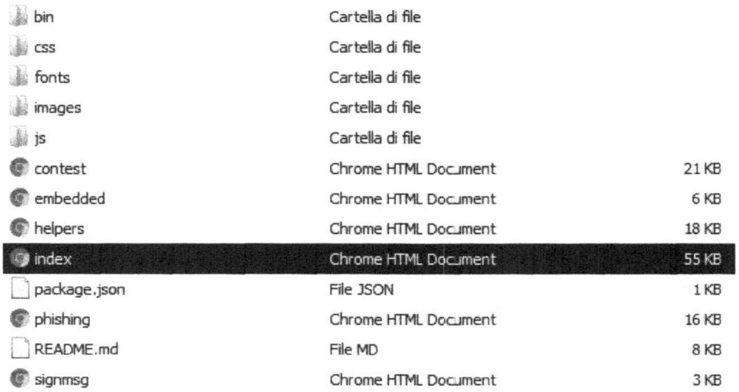

FIGURA 13.14 - Il file "index.html".

Si aprirà quindi una pagina sul nostro browser identica alla pagina principale di MyEtherWallet, ma questa volta offline. Da questo momento i passaggi da svolgere sono gli stessi che abbiamo presentato per il primo metodo.

Vediamo ora come movimentare gli Ether associati al paper wallet che abbiamo creato. Torniamo sulla pagina principale del sito e proseguiamo cliccando sul tasto "Send Ether & Tokens" (Figura 13.15).

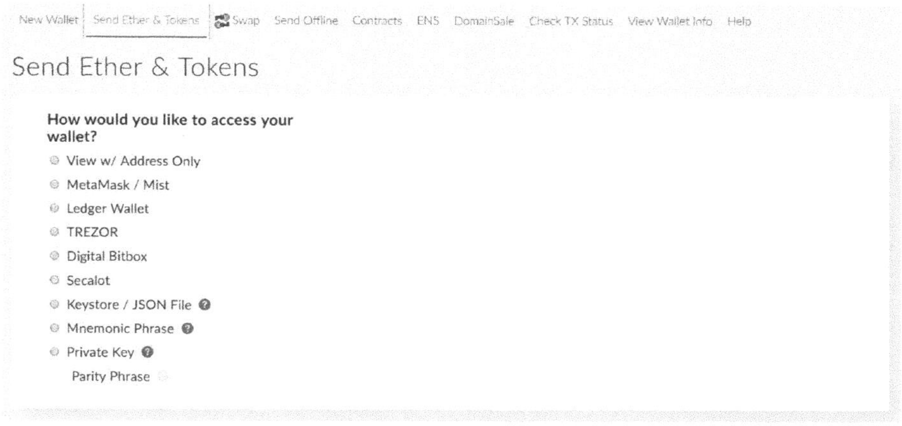

FIGURA 13.15 - La schermata "Send Ether & Tokens".

Tra le opzioni a nostra disposizione selezioniamo "Keystore / JSON File", quindi carichiamo il file JSON che abbiamo salvato quando è stato creato il wallet e clicchiamo sul tasto "Select wallet file", come mostrato nella Figura 13.16.

Inseriamo la password usata nella fase di creazione del wallet e clicchiamo su "Unlock".

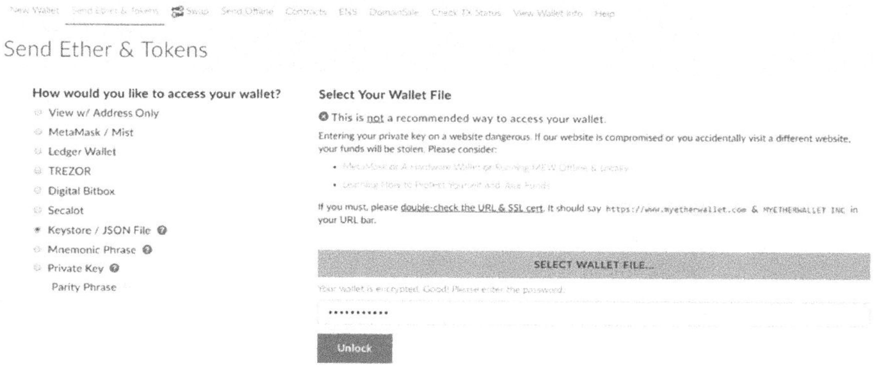

FIGURA 13.16 – La schermata per inserire la password del nostro paper wallet.

Appare quindi una maschera che ci permette di effettuare una transazione compilando i campi "To Address" con l'indirizzo del destinatario e "Amount to Send" con la quantità di ether che vogliamo inviare (Figura 13.17).

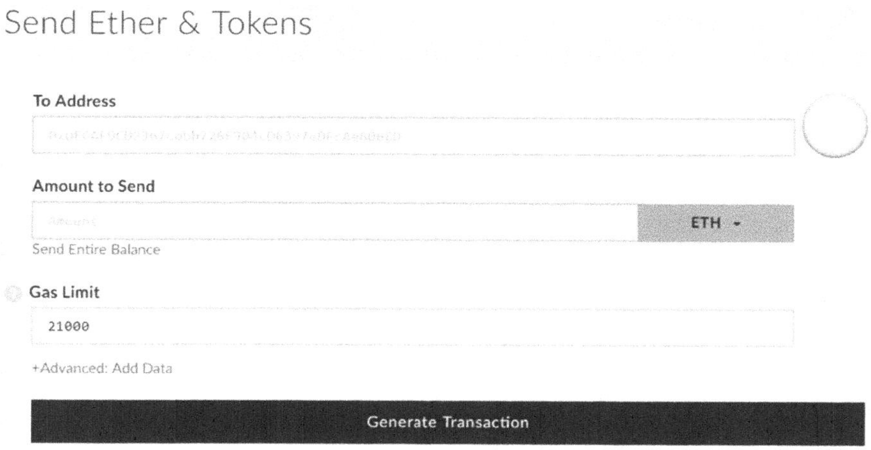

FIGURA 13.17 – La schermata da compilare per inviare Ether dal wallet.

A questo punto è necessario solo cliccare su "Generate Transaction" e poi confermare la transazione.

PARTE 4

Non solo Bitcoin

a cura di Matteo Maggioni

I limiti sono spesso soltanto delle illusioni.

Michael Jordan

CAPITOLO 14

Bitcoin Dominance Index

Era il 2014, quando con grande piacere gli organizzatori dell'ITForum di Rimini accettarono la nostra proposta di tenere una conferenza sul Bitcoin. Il titolo "Bitcoin Revolution" non dava spazio a fraintendimenti. Eravamo fermamente convinti di essere di fronte a una vera e propria rivoluzione, a uno di quei punti di rottura che avrebbe segnato la storia economica e finanziaria su scala mondiale.

La stessa convinzione ci ha portati l'anno seguente, precisamente a marzo 2015, a pubblicare con Hoepli il libro *Bitcoin revolution*, il primo in Italia nel suo genere. Un grande successo, sostenuto sia dal crescente interesse del pubblico, sempre più curioso di comprendere il funzionamento di questa nuova tecnologia, sia dal puro interesse conoscitivo verso questa nuova applicazione sia dall'enorme clamore generato dall'ascesa dei prezzi.

Sono passati pochi anni da questi due eventi ma, in realtà, molto è cambiato. Se prima si parlava solo di Bitcoin, ora non è più così. Nuove valute e nuovi progetti si sono proposti nel panorama delle criptovalute, ampliando le possibilità di investimento ma rendendo il processo decisionale sempre più complesso.

Il dominio incontrastato del Bitcoin si è gradualmente affievolito? La fine del Bitcoin è vicina? La valuta del futuro deve ancora nascere? A tutte queste domande non è sicuramente semplice rispondere, ma una cosa è certa: il Bitcoin non è più solo.

L'incredibile ascesa dei prezzi, passati dal minimo di circa 250 dollari del 2015 al massimo di quasi 20.000 dollari nel 2017, ha fatto esplodere la capitalizzazione di mercato del Bitcoin così come potete osservare nella Figura 14.1. Nel 2017 si è infatti registrato un massimo superiore a 320 miliardi di dollari.

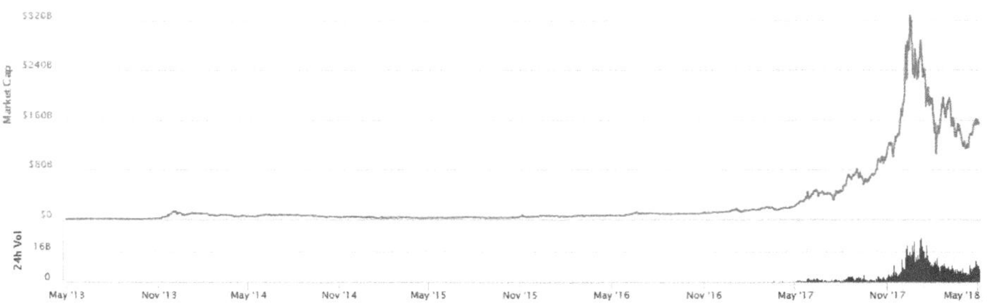

FIGURA 14.1 - Il grafico storico della capitalizzazione del Bitcoin. *Fonte*: coinmarketcap.com.

Tuttavia questa crescita non è stata sufficiente per mantenere inalterato il dominio del Bitcoin. Se prima del 2017 la capitalizzazione del Bitcoin rappresentava mediamente l'85% dell'intera capitalizzazione di mercato delle valute digitali, ora si aggira intorno al 50%.

L'andamento di queste percentuali è stimato mediante un indice specifico, noto come "Bitcoin Dominance Index". Nello specifico, si tratta di un semplice indice analitico che fornisce un'istantanea su come si evolve la capitalizzazione del Bitcoin, espressa in valori percentuali, rispetto alla capitalizzazione complessiva di tutte le criptovalute esistenti. La Figura 14.2 mostra l'andamento del Bitcoin Dominance Index nel corso degli ultimi quattro anni e gli indici di dominio relativi alle altre principali valute digitali.

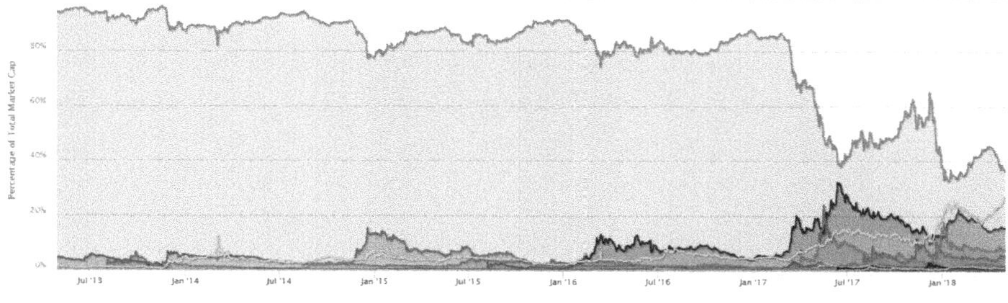

FIGURA 14.2 - Il grafico storico del Bitcoin Dominance Index. *Fonte*: coinmarketcap.com.

Il calo del Bitcoin Dominance Index è da ricercare nell'aumento della capitalizzatione delle valute alternative al Bitcoin ma soprattutto nella quotazione mediante ICO di moltissimi nuovi progetti.

Ethereum ha sicuramente agevolato questa situazione, creando un vero e proprio ecosistema attorno alla sua piattaforma. Se, da un lato, le ICO hanno dato modo a molti sviluppatori di raccogliere fortune in pochissimo tempo, dall'altro va sottolineato come molti di questi progetti siano a oggi delle scatole vuote. Solo il tempo darà il giusto responso e con un classico approccio darwiniano la selezione naturale provvederà a fare una grossa scrematura. Lo stesso Vitalik Buterin non poco tempo fa si è espresso con queste parole:

> "Credo davvero che siamo in una bolla perché tutte le criptovalute sono in aumento e la gente ha la sensazione che questa crescita continuerà. Molti progetti stanno raccogliendo più soldi di quello che sarebbero in grado di fare nel mercato normale del Venture Capital e talvolta non vi è alcuna corrispondenza tra la necessità e l'utilità del progetto e la sua capacità di raccogliere fondi. Inoltre, questo mercato è ancora giovane e la gente ancora non sa come distinguere tra i progetti che resisteranno a lungo termine e quelli che non lo faranno. Questa cosa sta crescendo a un tasso che rende difficile il controllo. Io, per esempio, non partecipo alla maggior parte delle ICO perché penso che siano fatte a valutazioni troppo alte."

È dunque necessario tentare di mettere un po' d'ordine, cercando di comprendere il funzionamento e gli obiettivi dei vari progetti alternativi al Bitcoin. In questa parte del libro faremo proprio questo. Dopo aver presentato le principali linee guida che accomunano molti dei progetti alternativi al Bitcoin, entremo nel dettaglio di quelli più interessanti e innovativi.

LA BLOCKCHAIN AL NOSTRO SERVIZIO

L'obiettivo di molti progetti di nuova generazione è quello di offrire ai propri clienti delle piattaforme flessibili che permettano di costruire e adattare la tecnologia blockchain a ogni tipo esigenza. È proprio qui che risiede il concetto di Blockchain-as-a-Service (BaaS). In altri termini, BaaS consente di sviluppare e usufruire della tecnologia blockchain in modo rapido, senza gestire aggiornamenti software, senza sostenere elevati costi per l'hardware o avere competenze specifiche di programmazione blockchain. Il BasS offre quindi tutta una serie di funzionalità secondo il modello del cloud computing o nuvola informatica.

Tale modello è ampiamente utilizzato da imprese e privati in numerose varianti. Le principali sono:

- **Infrastructure-as-a-Service (IaaS)**: riguarda le risorse hardware, come per esempio i server, la fornitura della rete o lo spazio di memorizzazione. Esempi: Dropbox, iCloud.
- **Software-as-a-Service (SaaS)**: consiste nell'utilizzo di programmi installati su un server remoto. Esempi: Gmail, Google Search, Google Maps.
- **Platform-as-a-Service (PaaS)**: è una vera e propria piattaforma software e hardware eseguita in remoto. Esempi: Microsoft Azure, Amazon Web Services.

Cambiano le peculiarità ma l'obiettivo del cloud computing è lo stesso: dare la possibilità agli utenti di usufruire di un software, di una piattaforma o di un'infrastruttura informatica senza possederli fisicamente. I vantaggi sono significativi sia in termini di costi sia di flessibilità. In questo contesto si inserisce il BaaS, come nuova e più evoluta variante del cloud computing.

Ethereum è stato sicuramente un apripista in questo settore. L'integrazione degli smart contract e la scalabilità della sua blockchain hanno fatto di Ethereum il progetto più innovativo e rivoluzionario dopo la nascita del Bitcoin. In questo contesto vanno però menzionati anche altri progetti che stanno sempre più prendendo spazio, tra i quali Siacoin, Lisk e Stratis.

I MITI DELLA NON TRACCIABILITÀ E DELL'ANONIMATO

A sostegno delle loro tesi, spesso i detrattori del Bitcoin affermano che il denaro digitale sia utilizzato principalmente per commerci illeciti, o peggio ancora, per finanziare attività terroristiche, sfruttando le sue caratteristiche di non tracciabilità e anonimato. Tuttavia, alla prova dei fatti, non è così.

Ad affermarlo è anche la Commissione Europea in una relazione pubblicata il 26 giugno 2017, con la quale valuta i rischi di riciclaggio di denaro e finanziamento del terrorismo nell'ambito di vari settori e prodotti finanziari. In base a questa relazione, il rischio associato alle valute digitali è stato classificato moderato, decisamente inferiore a quello del contante o dei conti correnti bancari, che si confermano tra i prodotti finanziari più utilizzati per attività illegali. In altri termini, secondo la Commissione Europea non c'è attualmente da preoccuparsi molto del fatto che i Bitcoin e, più in generale, le valute digitali siano uno strumento utilizzato nel campo del riciclaggio e del finanziamento al terrorismo. Le ragioni di tale analisi risiedono in buona parte nella tecnologia di questi strumenti, ancora immatura e complessa. Inoltre, l'elevata volatilità delle quotazioni è un ulteriore elemento che ne scoraggia l'utilizzo.

Se poi pensiamo agli aspetti prettamente tecnici, è evidente come il Bitcoin sia più tracciabile e più trasparente di molti altri strumenti di pagamento. Ogni volta che si verifica una transazione in Bitcoin si lascia una traccia digitale, piccola o grande che sia, ma pur sempre una traccia. Per esempio, il controvalore della transazione, l'indirizzo del wallet del mittente e del destinatario e l'orario esatto in cui la transazione si è conclusa sono alcuni degli elementi che vengono condivisi pubblicamente e conservati in modo immutabile sulla blockchain del Bitcoin. Attraverso un'attività investigativa è abbastanza agevole tenere traccia dei flussi di scambio del Bitcoin e risalire all'identità delle parti che hanno svolto una transazione. Aziende come Chainalysis ed Elliptic hanno sviluppato dei software che identificano attività illecite sulla blockchain del Bitcoin e forniscono utili informazioni per le istituzioni finanziarie e le forze dell'ordine. In conclusione, non tracciabilità e anonimato del Bitcoin sono ormai due miti sfatati. Si parla piuttosto di valuta pseudo-anonima.

Tuttavia, nel panorama delle valute digitali esistono vari progetti, alternativi al Bitcoin, che garantiscono un anonimato totale. Le cosiddette "valute fantasma" permettono di cancellare le informazioni relative a una transazione e di oscurare l'identità dei soggetti coinvolti: tra queste ricordiamo Monero, Bytecoin, Aeon, DigitalNote, Zcash e Verge.

LO SCHELETRO DEL BITCOIN

Per assolvere alla propria funzione di valuta digitale, il Bitcoin deve necessariamente essere sostenuto da una rete di dispositivi hardware e software collegati tra loro. Così come lo scheletro umano non è altro che una struttura che sorregge il corpo di ogni essere umano, allo stesso modo il network Bitcoin è una sorta di struttura che permette alla valuta Bitcoin di esistere e prosperare. Si tratta però di uno scheletro decentralizzato di tipo peer-to-peer (P2P), in cui ciascun elemento che lo compone ha un ruolo paritario ed è in grado di comunicare in modo autonomo, senza passare attraverso un server centrale. Un nodo può essere rappresentato da un computer, da uno smartphone o da un qualsiasi altro dispositivo elettronico in grado di far girare il software necessario per la connessione alla rete Bitcoin. Anche se, per definizione, i nodi di una rete P2P sono gerarchicamente uguali, in realtà possono avere differenti ruoli a seconda della funzionalità che svolgono. Nello specifico, un nodo della rete Bitcoin può eseguire alcuni o tutti i seguenti compiti:

- **Routing**: è una funzione obbligatoria di indirizzamento con la quale i nodi comunicano tra loro e si scambiano le informazioni.
- **Database**: alcuni nodi mantengono una copia aggiornata di tutta la blockchain, esercitando un'attività di archiviazione.
- **Mining**: alcuni nodi lavorano come miners.
- **Wallet**: alcuni nodi svolgono la funzione di portafoglio digitale per conservare, ricevere e inviare Bitcoin.

Alla luce di queste attività, i nodi Bitcoin vengono classificati in:

- Lightweight o Light nodes.
- Full nodes.

Come dice la parola stessa, i light nodes si caratterizzano per essere degli hardware leggeri con limitate capacità di elaborazione e archiviazione. Per questa ragione, i software installati sui light nodes non scaricano l'intera blockchain ma solo le intestazioni dei blocchi (block headers) per convalidare l'autenticità delle transazioni. Questo metodo di verifica, noto come Simplified Payment Verification (SPV), permette di controllare se una transazione è inclusa in un blocco appartenente alla catena principale. In termini tecnici, si svolge una Proof of Inclusion (PoI).

Per esempio, un utente che scarica l'Electrum Bitcoin Wallet sul proprio smartphone rappresenta un light node della rete Bitcoin e la verifica delle transazioni svolte avviene in modo snello attraverso il metodo SPV. Si tratta di una verifica indiretta, fondata sulla fiducia che la catena dei blocchi sia gestita da full nodes onesti. Per loro stessa natura, i light nodes sono quindi dipendenti dai full nodes ovvero da quei nodi che possiedono l'intera blockchain. I full nodes sono la spina dorsale che sorregge tutta la rete Bitcoin e svolgono varie mansioni:

- Scaricano tutti i blocchi e tutte le transazioni per verificare che rispettino le regole di consenso.
- Inviano le transazioni ai miners affinché le possano validare e registrare sulla blockchain.
- Gestiscono le interrogazioni della blockchain da parte dei light nodes.

A causa dell'attività che svolgono, è evidente come la sicurezza della rete Bitcoin dipenda strettamente dal numero dei full nodes. Attualmente i nodi attivi sono circa 10.000, concentrati soprattutto negli Stati Uniti e in Europa (Figura 14.3), ma è auspicabile che tale numero aumenti in armonia con la diffusione del Bitcoin.

Una mappatura dei nodi attivi e numerose statistiche associate sono disponibili sul sito: https://bitnodes.earn.com.

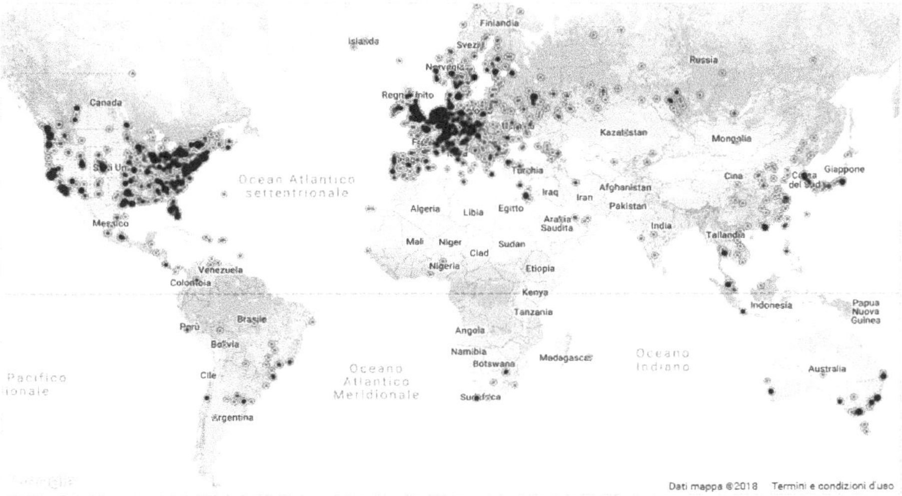

FIGURA 14.3 - La mappa dei nodi che compongono la rete Bitcoin. *Fonte*: bitnodes.earn.com.

La prerogativa per essere un full node è di installare il software Bitcoin Core, scaricabile dal sito: https://bitcoin.org/en/download.

Una volta sincronizzati con l'ultima versione della blockchain, si è in grado di svolgere tutte o alcune attività proprie dei full nodes. Gli utenti che volontariamente si strutturano per essere un full node, privo del servizio di mining, non hanno diritto ad alcuna forma di remunerazione economica ma prestano la propria potenza di calcolo solo per sostenere il progetto Bitcoin. Tuttavia, esistono delle valute alternative al Bitcoin, che propongono delle forme di incentivo anche per gli utenti che gestiscono i full nodes. Tra queste, le più famose sono Dash, PIVX e Zcoin.

BLOCKCHAIN SENZA BLOCKCHAIN

Pur essendo una delle tecnologie più dirompenti, che probabilmente cambierà in maniera radicale il prossimo futuro, la blockchain non è applicabile in maniera universale a tutti i settori.

Se, da un lato, il principale pregio della blockchain è da ricercare nella disintermediazione, dall'altro mostra una serie di limitazioni tra cui, per esempio, l'impossibilità di svolgere micro pagamenti in modo veloce ed efficiente. Se pensiamo alla blockchain del Bitcoin, la sua architettura prevede due tipologie di partecipanti:

- Chi svolge le transazioni. Questi utenti sono interessati a svolgere delle transazioni il più velocemente possibile e con commissioni basse.
- Chi valida le transazioni. I minatori sono interessati a validare le transazioni in modo non necessariamente veloce e con commissioni alte.

È chiaro come le esigenze di questi soggetti siano discordanti. Nello specifico, a fronte dei costi sostenuti, i miner ricevono una ricompensa calcolata come somma tra i Bitcoin di nuova generazione e le commissioni di transazione pagate dagli utenti. Il profitto è garantito se viene soddisfatta questa semplice equazione:

$$\text{Ricavi (Block reward + Fees)} > \text{Costi (Hardware + Elettricità)}$$

Tuttavia è estremamente difficile stimare gli elementi che la compongono e trovare una soluzione univoca al problema. In generale, considerando che il numero di nuovi Bitcoin viene dimezzato circa ogni quattro anni, affinché ci sia sostenibilità è necessario che aumenti in modo significativo il prezzo dei Bitcoin o le commissioni pagate dagli utenti oppure il numero complessivo delle transazioni. In quest'ultimo caso, sarà però indispensabile procedere a un aggiornamento del protocollo Bitcoin, cosa di non facile realizzazione.

Le medesime considerazioni sono valide per la maggior parte delle valute che utilizzano una tecnologia blockchain di tipo tradizionale. Un'architettura di questo tipo non è quindi applicabile, per esempio, al settore dell'Internet of Things (IoT), che si caratterizza per un numero elevato di micro pagamenti. È quindi indispensabile passare a un'architettura diversa, che possa garantire costi bassi, velocità di esecuzione e, soprattutto, scalabilità. In questo contesto si inserisce il progetto IOTA.

CAPITOLO 15

Altcoins e Tokens

ETHEREUM
https://www.ethereum.org

Abbiamo già parlato di Ethereum nel Capitolo 2 e non ci dilungheremo oltre riguardo alle sue caratteristiche. Vediamo invece alcuni dati statistici che testimoniano l'enorme successo di questa piattaforma.

Al seguente link è possibile consultare l'elenco e la capitalizzazione di tutti i token disponibili: https://coinmarketcap.com/tokens.

Scorrendo velocemente la pagina, risulta evidente come al momento Ethereum sia la piattaforma di riferimento per costruire progetti decentralizzati. In particolare, come viene mostrato nella Figura 15.1, circa l'89% dei primi 300 token sfrutta la tecnologia Ethereum mentre la percentuale residua è divisa tra otto piattaforme alternative, tra cui NEO e Qtum.

È una quota di mercato impressionante, che ci mette in guardia su come il settore dei token sia fortemente concentrato e strettamente connesso alle sorti di Ethereum. È indiscutile che Ethereum sia una piattaforma innovativa e dalle enormi potenzialità ma, al tempo stesso, è auspicabile che si verifichi una diluizione del suo dominio, al fine di garantire maggiore stabilità e concorrenza.

Non va comunque dimenticato come Ethereum sia stato fondato nel 2014 e tutta la tecnologia sottostante agli smart contract sia oggi più una promessa che una realtà. Gli sviluppatori si trovano di fronte a sfide significative che ci porteranno nei prossimi anni verso terreni inesplorati.

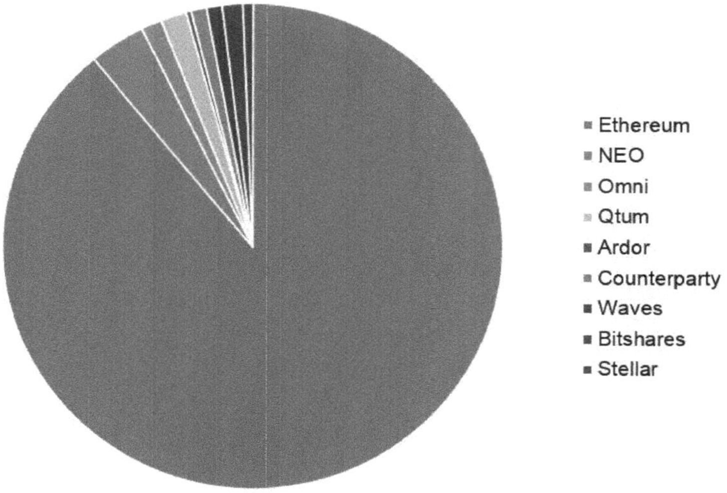

FIGURA 15.1 - Le quote di mercato relative ai token.

RIPPLE
https://ripple.com

Le origini di Ripple risalgono al lontano 2004, quando Ryan Fugger, uno sviluppatore web di Vancouver, avviò il progetto Ripplepay con l'obiettivo di creare un sistema monetario privo di intermediari bancari o governativi. In particolare, Fugger sosteneva che fosse necessario affidarsi a una rete sociale in grado di emettere e scambiare credito garantito dai soli rapporti di fiducia tra i partecipanti.

Le idee di Fugger furono poi riprese nel 2011 da Jed McCaleb, che insieme ad Arthur Britto e David Schwartz iniziò a lavorare a un sistema di valuta digitale, in cui il consenso era garantito dai membri del network piuttosto che dall'attività di mining, come avviene per il Bitcoin. La squadra ben presto si allargò con l'arrivo dell'investitore Chris Larsen e, nel settembre 2012, venne fondata la società OpenCoin.

Da qui nacque un nuovo protocollo di pagamento, denominato Ripple Transaction Protocol (RTXP), che consente alle persone di trasferire denaro senza passare attraverso un sistema di pagamento bancario. I vantaggi sono enormi sia in termini di costi sia di tempo.

Pensate, per esempio, al versamento di un assegno bancario emesso da una banca che non sia la vostra: i tempi di accredito possono arrivare fino a tre giorni lavorativi. Oppure pensate ai costi associati a un normale bonifico bancario eseguito allo sportello della vostra banca. Per non parlare delle transazioni internazionali, ancora più costose e lente. Con Ripple tutto questo viene scardinato. Si abbattono i costi, i tempi e le frontiere.

Sì, avete capito bene, anche le frontiere. Ripple permette di svolgere transazioni ovunque nel mondo e in qualsiasi valuta, tradizionale o digitale.

Le potenzialità di Ripple non sono passate inosservate e, nel giro di pochi anni, importanti società private, tra cui Google Ventures, Santander InnoVentures, Accenture, CME Group hanno finanziato il progetto per svariati milioni di dollari. Nel frattempo, il 23 settembre 2013, la società originaria, OpenCoin, ha cambiato denominazione in Ripple Labs e poco dopo ha visto l'uscita, non senza dissapori, di Jed McCaleb. Il 6 ottobre 2016, la società ha voluto abbandonare il termine "Labs", a testimonianza che il periodo di sperimentazione era terminato, diventando semplicemente Ripple.

La logica sottostante a Ripple è molto simile a un sistema di pagamento antico, sviluppato in Medio Oriente durante il medioevo, noto come "hawala". In arabo, hawala significa trasferimento e consiste in un sistema di pagamento informale, in cui alcuni privati si accordano con altri privati per eseguire una transazione di denaro. Pur essendo un metodo antico, l'hawala è oggigiorno utilizzato dagli emigrati per trasferire denaro in patria e anche dai migranti come strumento di assicurazione del proprio viaggio. Inoltre, essendo un metodo di pagamento parallelo a quello bancario, dove il denaro circola senza lasciare tracce e senza incorrere nei controlli dell'antiriciclaggio, l'hawala è anche utilizzato dalle attività criminali.

Ecco come funziona. Il nostro amico di fantasia Nadir è un emigrato, scappato dagli orrori delle guerre in Medio Oriente e trasferitosi in Europa in cerca di una nuova vita. È riuscito a svolgere qualche lavoretto e risparmiare del denaro che vorrebbe inviare a sua madre Asha, che è rimasta nel suo Paese di origine. C'è però un problema, né Nadir né sua madre hanno accesso al sistema bancario. È proprio qui che interviene il sistema hawala: Nadir prende contatto con un mediatore hawala (o hawaladar), il quale richiede la somma di denaro in euro e consegna un codice segreto.

A questo punto, il mediatore contatterà un suo omologo nel Paese di destinazione, a cui comunicherà i dettagli dell'operazione e il codice segreto. Nadir farà la stessa cosa con sua madre, in modo che possa recarsi dal mediatore e ricevere il denaro in valuta locale.

Con l'hawala, il denaro è stato effettivamente trasferito basandosi unicamente sulla fiducia e sull'onore. In particolare:

- Nadir si fida dell'hawaladar A poiché gli sta fornendo denaro in contanti.

- Asha si fida dell'hawaladar B poiché si aspetta di ricevere il denaro in contanti.
- I due hawaladar devono fidarsi reciprocamente per il rimborso del debito.

In termini più formali, possiamo affermare che l'hawala è una sorta di cambiale, un pagherò, un assegno. Tecnicamente si parla di IOU, abbreviazione di "I owe you".

Se avete compreso come funziona l'hawala, allora vi sarà agevole comprendere anche il funzionamento di Ripple. Le analogie sono in effetti molto forti. Possiamo generalizzare, affermando che Ripple è un sistema di pagamento che digitalizza il metodo hawala. Si basa, infatti, sul medesimo flusso operativo e sul rapporto di fiducia tra le persone. Con Ripple, il ruolo svolto dai mediatori hawala è sostituito da siti internet o attività commerciali, denominati gateway, che comunicano tra di loro in modo esclusivamente digitale. Pertanto con Ripple, al nostro amico Nadir basterebbe depositare il denaro su un gateway e istruirlo affinché sua madre Asha possa riscattarlo tramite un altro gateway.

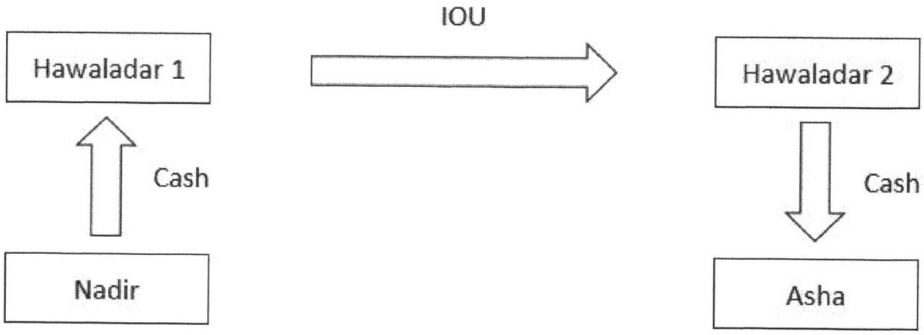

FIGURA 15.2 – Il flusso operativo di una transazione hawala.

I gateway sono definiti come società che consentono l'accesso alla rete Ripple. Tra queste troviamo, per esempio:

- Bitstamp: https://www.bitstamp.net
- Gatehub: https://gatehub.net
- Ripple Fox: https://ripplefox.com/
- Mr. Ripple: https://mr-ripple.com
- RippleChina: http://www.iripplechina.com

Finora abbiamo parlato di transazioni di tipo monetario ma nulla vieta che si possano trasferire anche beni di varia natura. Ripple può scambiare denaro e scambiarlo senza continuità di forma.

Il Ripple Consensus Ledger (RCL) è una raccolta di registri gestita dal network con lo scopo di mantenere e tracciare l'evoluzione dei libri contabili. Le nuove transazioni vengono accettate e registrate solo dopo che la maggioranza dei validatori le ha confermate.

Il Ripple non è solo una piattaforma decentralizzata ma anche una valuta crittografica che prende il nome di Ripple (codice XRP). L'offerta di moneta è stata fissata in 100 miliardi di XRP, interamente creata e distribuita dalla società OneCoin. Ogni Ripple è divisibile in sei decimali e la più piccola unità è nota come "goccia" (drop).

Nonostante il progetto sia molto interessante e sia già sostenuto da un elevato consenso tra aziende e privati, è opportuno precisare che Ripple è più centralizzato di quello che si pensi. La proprietà del codice e gli eventuali sviluppi sono infatti controllati dalla società Ripple.

BITCOIN CASH
https://www.Bitcoincash.org

Il primo hard fork della catena Bitcoin si è verificato il 1 agosto 2017 con la formazione del blocco numero 478.558 e la nascita del Bitcoin Cash (BCH). In quella data i possessori di Bitcoin hanno ricevuto gratuitamente un medesimo numero di Bitcoin Cash.

Questa nuova valuta è stata creata a seguito di un acceso dibattito nella community Bitcoin relativo alla scalabilità. Così come è strutturato, il Bitcoin è in grado di gestire un numero relativamente basso di transazioni, circa 2.000 transazioni ogni 10 minuti, e per questo motivo non si pone al momento come una vera alternativa alla moneta ma è piuttosto da assimilare a una riserva di valore o a uno strumento di investimento.

Il Bitcoin Cash cerca quindi di risolvere questo problema proponendo tre principali differenze tecniche rispetto al Bitcoin:

- Aumento a 8 Mb delle dimensioni dei blocchi, con un conseguente aumento del numero delle transazioni contenute in ogni blocco.
- Nuova tipologia di firma digitale per le transazioni, che aumenta la sicurezza dei portafogli hardware ed elimina il problema dell'inefficienza di firma, noto come "quadratic hashing".
- Un nuovo algoritmo per il calcolo della difficoltà per cercare di mantenere il più possibile costante a 10 minuti il tempo di formazione dei blocchi.

Va detto che queste differenze non rendono il Bitcoin Cash una vera alternativa al Bitcoin ma lo pongono piuttosto come una sorta di copia leggermente modificata. Al tempo stesso, va anche precisato che il progetto Bitcoin Cash è molto più accentrato di quanto si possa pensare ed è sostenuto da un ristretto numero di investitori, tra cui Roger Ver e Craig Steven Wright.

LITECOIN
https://litecoin.org

Dopo il Bitcoin, la valuta digitale più longeva è il Litecoin. Fondata nel 2011 da Charlie Lee, un ex dipendente di Google, il Litecoin si è proposto come un'alternativa al Bitcoin, con alcune differenze tecniche:

- I blocchi vengono generati mediamente ogni 2 minuti e mezzo, quindi in un tempo quattro volte inferiore a quello dei Bitcoin. Il vantaggio si traduce in una conferma più veloce delle transazioni ma, al tempo stesso, comporta un aumento delle dimensioni della blockchain e di blocchi orfani.
- Si basa su un algoritmo di hash di tipo Scrypt, più semplice da eseguire e meno dispendioso dal punto di vista energetico se confrontato con l'algoritmo SHA-256 utilizzato dal Bitcoin.
- L'offerta di moneta è quadrupla rispetto a quella del Bitcoin, ovvero 84 milioni di coin, e viene distribuita come forma di remunerazione per l'attività svolta dai minatori.

Tuttavia, il vero elemento distintivo si è concretizzato nel corso del 2017 con l'integrazione di SegWit (Segregated Witness) nel codice Litecoin. Questo aggiornamento produce due effetti:

- Aumenta il numero di transazioni contenute in un blocco.
- Migliora la malleabilità delle transazioni.

Nella struttura classica, la funzione hash viene calcolata sul codice identificativo di una transazione, che comprende sia le firme digitali sia tutte le informazioni relative alla transazione stessa.

Con SegWit le firme digitali vengono invece separate dai dati delle transazioni e spostate in una sorta di blocco esteso, consentendo alle transazioni di essere più piccole. In questo modo, il codice identificativo viene creato considerando tutti i dati della transazione, con l'eccezione delle firme digitali.

Quindi, in sostanza, SegWit separa la parte "validante" dalla parte "effettiva" di una transazione, come mostrato nella Figura 15.3.

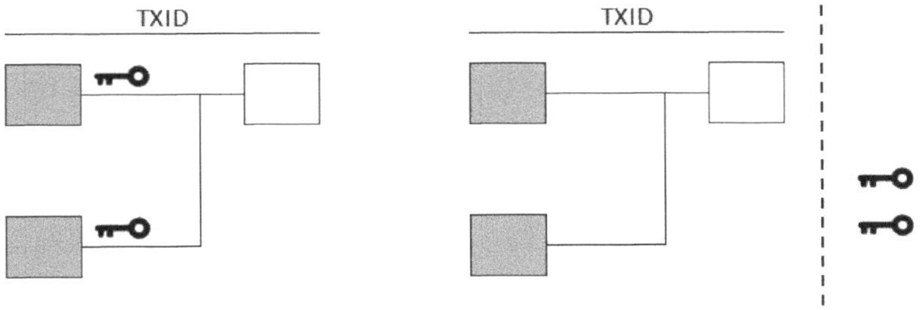

FIGURA 15.3 - Il confronto tra TXID classico (a sinistra) e TXID con SegWit (a destra).

La malleabilità è invece un tipo di attacco che può essere intrapreso da un nodo della rete per modificare il codice identificativo di una transazione, prima che la stessa venga confermata e diffusa sulla blockchain (Figura 15.4).

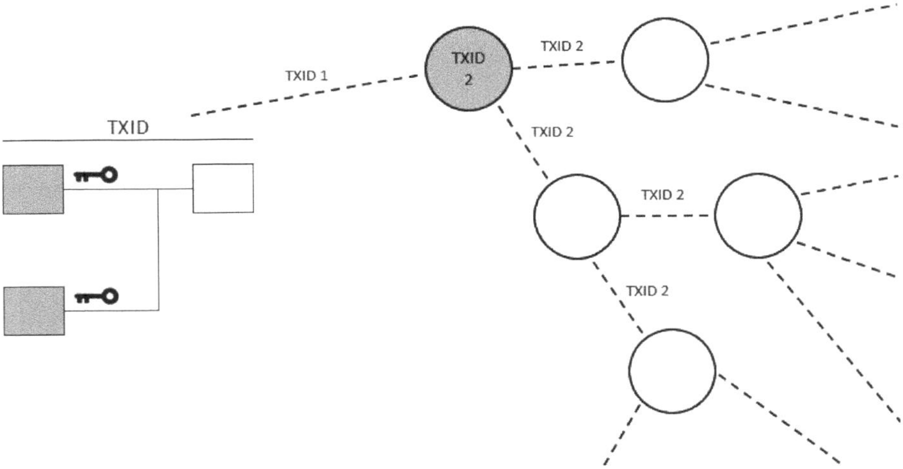

FIGURA 15.4 - La malleabilità di una transazione.

Con la separazione introdotta da SegWit diventa quasi impossibile che si possa verificare la malleabilità delle transazioni (Figura 15.5).

Dopo anni in cui il Litecoin è rimasto in una sorta di letargo, l'implementazione di SegWit ha dato di nuovo spolvero al progetto e, come affermato dallo stesso Charlie Lee, ha aperto le porte a possibili nuovi aggiornamenti, tra i quali Lightning Network, MAST e Schnorr Signatures.

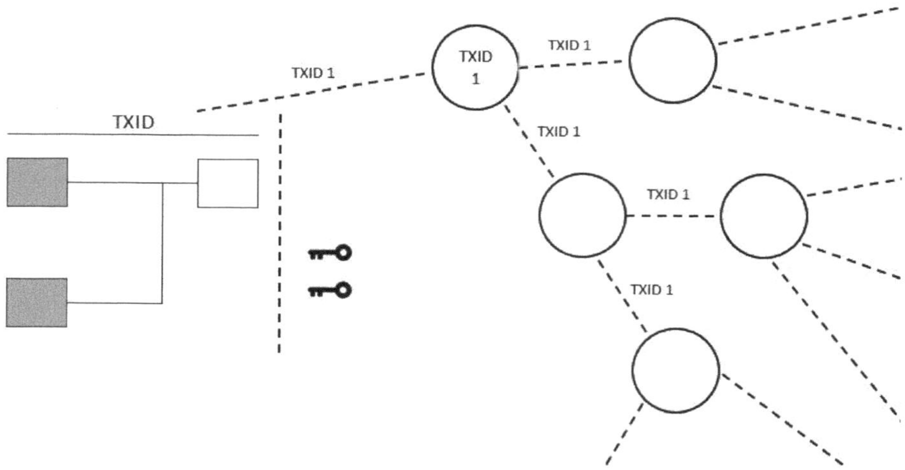

FIGURA 15.5 - Malleabilità di una transazione con SegWit.

EOS
https://eos.io

EOS è un progetto lanciato nel 2017 dalla società block.one, di cui fa parte Daniel Larimer, uno degli sviluppatori più attivi e lungimiranti nel settore blockchain. A lui si deve la creazione nel 2014 di BitShares, il primo exchange decentralizzato e, nel 2016, di Steem, la prima piattaforma social basata su tecnologia blockchain. In entrambi i casi, Larimer ha cercato di risolvere due dei principali problemi che riguardano ogni progetto basato su blockchain, ovvero la scalabilità e l'usabilità.

Queste stesse problematiche sono state riprese nel progetto EOS, con lo specifico obiettivo di agevolare lo sviluppo di nuove applicazioni decentralizzate mediante una scalabilità sia orizzontale sia verticale. EOS dovrebbe quindi avere la capacità di supportare grandi volumi di transazioni e adattarsi agilmente a un forte aumento di domanda. Nello specifico, EOS dovrebbe funzionare come una sorta di sistema operativo decentralizzato, che gli sviluppatori possono sfruttare per costruire nuove applicazioni senza la necessità di riscrivere il codice relativo alle funzionalità standard, come per esempio la gestione dei database e degli account.

Se tutto questo verrà realizzato, allora EOS si porrà come un vero concorrente di Ethereum per lo sviluppo di applicazioni intelligenti e decentralizzate.

La massa monetaria di EOS è fissa a 1 miliardo di token compatibili con ERC-20 e distribuiti sulla blockchain di Ethereum nell'arco di circa un anno, con le seguenti modalità e percentuali:

- Il 20% è già stato distribuito con l'ICO tra il 26 giugno e il primo luglio 2017.
- Il 70% è stato distribuito progressivamente ogni 23 ore, a blocchi di 2 milioni di EOS a partire dal primo luglio 2017 alle 13:00:00 UTC.
- Il 10% del totale è mantenuto dalla società block.one.

Per partecipare alla distribuzione di token EOS, è necessario un portafoglio compatibile Ethereum: quelli consigliati sono MetaMask e MyEtherWallet. Il contributo minimo accettato durante qualsiasi periodo di distribuzione dei token EOS è 0,01 ETH. Gli importi dei contributi più piccoli verranno respinti dal sistema.

Al termine del periodo di raccolta, verso la metà del 2018, i token EOS saranno utilizzabili dagli utenti all'interno della piattaforma, garantendo anche il diritto di voto mediante l'algoritmo di DPoS (Delegated Proof of Stake). Questo metodo di consenso è stato implementato per la prima volta con Bitshares e si tratta di una variante del Proof of Stake. In particolare, con il DPoS solo un numero ristretto di delegati eletti democraticamente dalla Rete avrà l'onere di convalidare le transazioni. Nel caso di EOS sono previsti 21 delegati. Secondo Daniel Larimer si tratta di un numero di delegati più che sufficiente per garantire la sicurezza del network e il corretto svolgimento dell'attività di convalida.

EOS è un progetto che ha riscontrato un enorme interesse da parte degli investitori, sia per la notorietà del suo fondatore sia per le innovazioni che vorrebbe introdurre. Al momento è però doveroso parlare con il condizionale e seguire passo passo gli sviluppi che verranno rilasciati nel corso dell'anno.

CARDANO
https://www.cardano.org/en/home

Il progetto Cardano è stato sviluppato dalla società IOHK, fondata da Charles Hoskinson e Jeremy Wood, con l'obiettivo di creare una piattaforma blockchain di terza generazione. Se, infatti, i Bitcoin hanno rappresentato la prima generazione di blockchain, con il pregio di aver introdotto il concetto di valuta digitale ed Ethereum – la seconda generazione che ha permesso di trasformare la blockchain in una vera e propria piattaforma mediante l'uso degli smart contract – il progetto Cardano si vuole porre come un'ulteriore evoluzione tecnologica.

Inoltre, Cardano si definisce come la prima blockchain che si fonda su un approccio scientifico e di ricerca. In tal senso, il progetto è sostenuto da un ampio numero di ricercatori e università e non solo dalla collaborazione di singoli sviluppatori. Questo aspetto, che può essere giudicato in modo più o meno positivo, comporta comunque una differenza sostanziale rispetto agli altri progetti. A testimonianza di questo va precisato come non sia presente un vero e proprio whitepaper ma piuttosto una serie di articoli accademici che delineano in modo rigoroso le funzionalità e gli obiettivi del progetto.

Dal punto di vista tecnico, Cardano utilizza un nuovo algoritmo di tipo Proof of Stake, noto come Ouroboros, che si caratterizza per garantire la casualità nella scelta del nodo validatore.

Un'ulteriore novità introdotta da Cardano è la struttura multistrato della sua blockchain, che permette una maggiore flessibilità in fase di sviluppo e aggiornamento ma anche un elevato grado di sicurezza. Un'eventuale falla nel codice non metterebbe infatti a repentaglio l'intera piattaforma ma sarebbe circoscritta allo strato di appartenenza. In particolare, Cardano separa le funzioni contabili da quelle di calcolo, in due diversi strati:

- CSL (Cardano Settlement Layer): svolge funzioni contabili (accounting) relative alle transazioni.
- CLL (Cardano Computation Layer): svolge funzioni di calcolo (computation) degli smart contract e le applicazioni decentralizzate.

Il token funzionale al progetto prende il nome di ADA, in onore della matematica inglese Ada Lovelace, ed è stato distribuito in quattro fasi tra settembre 2015 e gennaio 2017, per un totale di circa 26 miliardi di ADA. Non si hanno molte informazioni in merito ai sottoscrittori anche se è trapelato come questi siano stati soprattutto dei soggetti istituzionali giapponesi.

Anche in questo caso siamo al momento di fronte a un progetto estremamente ambizioso e interessante ma ancora quasi interamente sulla carta. Gli stessi fondatori hanno confermato che i primi frutti del lavoro si vedranno nel 2019 e che molte delle implementazioni sono tutt'ora in fase di sperimentazione. L'approccio accademico potrebbe rallentare le fasi di sviluppo, in cambio di una maggiore solidità nel risultato finale.

STELLAR LUMENS
https://www.stellar.org

Stellar Lumens è un progetto open source che mira a creare un'infrastruttura per trasferire il denaro in modo sicuro, veloce e decentralizzato. Nata nel 2014 in seguito all'uscita di Jed McCaleb da Ripple, Stellar si fonda sulla premessa che nel mondo interconnesso in cui viviamo sia sempre più necessario creare una rete finanziaria globale accessibile a chiunque. Uno dei principali ostacoli è dato dall'elevato costo delle transazioni bancarie e, proprio in questo ambito, Stellar si propone come una tecnologia in grado di abbattere tali costi favorendo i pagamenti transfrontalieri.

Da questo punto di vista le similitudini con Ripple sono evidenti ma, in realtà, le differenze tra i due progetti sono più sostanziali di quello che si possa pensare. In particolare:

- Stellar è gestita da una fondazione senza scopo di lucro, la Stellar Development Foundation (SDF), mentre Ripple è gestita da una società con scopo di lucro. Si tratta di una differenza rilevante che rende Stellar un progetto sicuramente più decentralizzato di quanto non sia Ripple.
- Il codice sorgente dei due progetti è completamente diverso. Stellar è inoltre molto più aperto ai contributi di sviluppatori esterni e con la Stellar Build Challenge assegna premi monetari ai contributi migliori.
- Stellar utilizza un algoritmo di consenso noto come Stellar Consensus Protocol (SCP), i cui punti di forza sono da ritrovare nella decentralizzazione, flessibilità, sicurezza e bassa latenza. Mentre Ripple utilizza un algoritmo basato sul voto probabilistico.
- ll team di Stellar è sicuramente inferiore dal punto di vista numerico rispetto a quello di Ripple, che al momento si conferma anche più forte a livello marketing.
- Stellar si rivolge soprattutto a una clientela privata, mentre Ripple è più concentrata sull'offerta di servizi per operatori istituzionali.

L'architettura di Stellar si fonda sulla presenza di ancore, ovvero di operatori terzi che fungono da ponte tra le valute fiat e la rete Stellar, in modo simile a quanto svolto dai gateway di Ripple. Le ancore conservano i depositi in valuta fiat, emettendo dei crediti in Lumens, ovvero nella valuta digitale che viene utilizzata nella rete Stellar. In questo modo è possibile effettuare transazioni con diverse valute fiat, in modo praticamente istantaneo ed efficiente, passando attraverso la blockchain di Stellar. L'interesse crescente nei confronti di questo progetto è da ricercare anche nell'accordo di partnership concluso lo scorso anno con IBM, volto a migliorare le soluzioni tecnologiche per i pagamenti transfrontalieri.

NEO
https://neo.org

Il progetto NEO ha preso vita nel 2014 con il nome di AntShares, su iniziativa dei cinesi Da Hongfei e Erik Zhang, per cercare di creare una piattaforma che sia in grado di collegare il mondo digitale con il mondo reale, mediante l'uso degli smart contract. Per questo motivo, è stato etichettato come la versione cinese di Ethereum. Tuttavia, pur riprendendo molte delle caratteristiche che hanno decretato il successo di Ethereum, NEO presenta delle differenze sostanziali. In particolare:

- Algoritmo di consenso: NEO utilizza il delegated Byzantine Fault Tolerant (dBFT) ovvero una versione avanzata del Proof of Stake, mentre Ethereum, al momento, si fonda sul Proof of Work.
- Linguaggio di programmazione: a differenza di Ethereum che permette di programmare solo in Solidity, le applicazioni di NEO possono essere scritte in vari linguaggi, tra cui C#, Java e Python.
- Numero di transazioni: NEO può sostenere circa 10.000 transazioni al secondo, contro le 15 di Ethereum.
- Audience: al momento NEO è strutturalmente focalizzato al mercato cinese rispetto a Ethereum, che invece si rivolge a un pubblico internazionale.
- Quantum resistance: NEO ha progettato la propria blockchain per essere teoricamente resistente all'introduzione dei computer quantici. Ethereum non ha per ora questa capacità.

Un ulteriore elemento distintivo di questo progetto risiede nel fatto che si compone di due diversi token:

- NEO: non si tratta propriamente di un token ma piuttosto di un titolo di possesso rappresentativo di una quota del progetto. Il NEO può essere quindi considerato come una forma di investimento e garantisce sia il diritto di voto sia un dividendo, pagato sotto forma di GAS. L'offerta di NEO è fissa a 100 milioni, di cui 50 sono stati distribuiti in fase di ICO, tra agosto e settembre 2016, e 50 assegnati al NEO Council per sostenere le fasi di sviluppo del progetto. Per la sua stessa natura, il NEO è indivisibile e la più piccola unità scambiabile è 1.

- GAS: questo token è funzionale alla piattaforma NEO ed è il combustibile per far funzionare gli smart contract. La massa monetaria è pari a 100 milioni di NEO e viene distribuita alla formazione di ogni blocco, circa ogni due minuti, come incentivo per l'attività di Proof of Stake. La produzione è pari a 8 GAS per blocco e ridotta di 1 token ogni due milioni di blocchi generati. A differenza del NEO, il GAS può essere diviso fino a otto cifre decimali.

Nello specifico, le attività di NEO si possono riassumere con la seguente equazione:

Smart Economy = Digital Assets + Digital Identity + Smart Contract

NEO vuole quindi creare un ecosistema intelligente, all'interno del quale sia possibile non solo trasformare ogni tipo di asset in formato digitale, ma anche consentire di inviare le caratteristiche del viso, le impronte digitali, il riconoscimento vocale e altri metodi per verificare l'identità delle persone. Il tutto mediante l'uso di smart contract. In questo modo, sarà possibile associare un asset a una persona, preservando la sicurezza e il diritto di proprietà.

La piattaforma di NEO permette inoltre di costruire applicazioni sfruttando le sue funzionalità, allo stesso modo di come avviene per Ethereum. In tale contesto è però importante precisare come Ethereum sia più maturo, sostenuto da innumerevoli progetti avviati e affermati. Al momento sono davvero pochi i progetti che utilizzano la piattaforma di NEO: tra questi, i principali sono Red Pulse, QLink e Zeepin. Tuttavia, diversi progetti sono già pianificati per il prossimo futuro e possono essere consultati al seguente link: http://ndapp.org.

Le ambizioni del NEO di posizionarsi come piattaforma leader nell'uso degli smart contract può sembrare oggi non realizzabile ma, come sempre più spesso avviene in altri settori, la forza dell'economia cinese potrebbe giocare un ruolo rilevante, accelerando in modo repentino gli sviluppi.

IOTA
https://iota.org

Pur essendo una delle tecnologie più dirompenti che probabilmente cambierà in maniera radicale il prossimo futuro, la blockchain non è applicabile in maniera universale a tutti i settori.

Se, da un lato, il principale pregio della blockchain è da ricercare nella disintermediazione, dall'altro mostra una serie di limitazioni, tra cui, per esempio, l'impossibilità di svolgere micro pagamenti in modo veloce ed efficiente.

Pensate alla blockchain del Bitcoin. La sua architettura prevede due tipologie di partecipanti:

- Chi svolge le transazioni. Questi utenti sono interessati a svolgere delle transazioni il più velocemente possibile e con commissioni basse.
- Chi valida le transazioni. I minatori sono interessati a validare le transazioni in modo non necessariamente veloce e con commissioni alte.

È chiaro come le esigenze di questi soggetti siano discordanti. Un'architettura di questo tipo non è quindi applicabile, per esempio, al settore dell'Internet of Things (IoT), che si caratterizza per un numero elevato di micro pagamenti. È quindi indispensabile passare a un'architettura diversa, che possa garantire costi bassi, velocità di esecuzione e soprattutto scalabilità. In questo contesto si inserisce il progetto IOTA.

IOTA è l'acronimo di Internet of Things Application ed è uno dei progetti più innovativi nel campo della crittografia dedicata a semplificare la comunicazione tra dispositivi intelligenti. La principale novità di IOTA è l'assenza di una blockchain. Avete letto bene, con IOTA non parliamo nè di blockchain, nè di blocchi e nemmeno di miner. IOTA si fonda dunque su un'architettura totalmente nuova e alternativa rispetto a blockchain. Al posto della blockchain è presente il DAG (Directed Acyclic Graph), che prende il nome di "tangle". Entrambe queste strutture hanno l'obiettivo comune di salvare le informazioni in un registro distribuito, chiamato anche distributed ledger, ma lo fanno in modo diverso.

Come viene mostrato nella Figura 15.6, con la blockchain le informazioni sono contenute in blocchi ordinati cronologicamente, mentre con il DAG non sono raggruppate ma semplicemente collegate con altre informazioni.

La traduzione letterale di tangle è "groviglio" e in effetti visivamente assomiglia a un ammasso di informazioni disorganizzate, più o meno complesso.

Nello specifico, il network di IOTA si compone di nodi che simultaneamente emettono e validano le transazioni, in accordo con la regola secondo la quale una transazione, per essere emessa, deve a sua volta confermare altre transazioni precedenti. Questo comporta che le transazioni vengano verificate in maniera progressiva con l'arrivo di nuove transazioni e senza la presenza dei miner.

Un nodo che emette una transazione è al tempo stesso un nodo validatore e, nello specifico, svolge le seguenti attività:

- Seleziona in modo casuale due transazioni precedenti non ancora approvate.

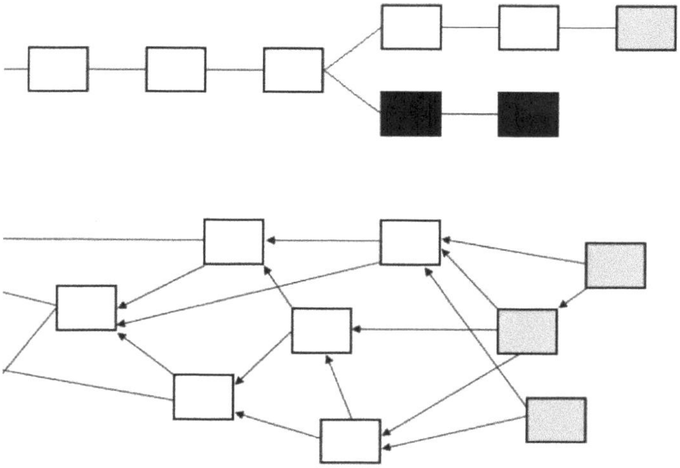

FIGURA 15.6 - Il confronto tra blockchain e DAG.

- Verifica che le due transazioni non siano in conflitto con la cronologia della tangle e, in caso contrario, non procede con l'approvazione.
- Risolve una prova crittografica simile a quella usata per validare un blocco nella blockchain Bitcoin. Si tratta però di una Proof of Work estremamente leggera, che non necessità di potenza di calcolo elevata e soprattutto non si fonda sulla competizione.

Il tutto avviene in maniera asincrona, poiché i nodi non hanno necessariamente visibilità sulle medesime transazioni.

La tangle si pone quindi come un registro di transazioni alternativo alla blockchain e presenta delle peculiarità che la rendono particolarmente vantaggiosa per tutti quei settori caratterizzati da un elevato numero di transazioni e micro pagamenti. Volendo sintetizzare, l'utilizzo della tangle garantisce a IOTA le seguenti caratteristiche:

- Scalabilità: le transazioni che possono essere approvate non presentano limiti numerici e temporali. Maggiore è il numero di utenti che utilizzano IOTA, maggiore è la sicurezza e rapidità della rete.
- Decentralizzazione: il consenso è ottenuto da ogni utente che svolge una transazione. Non è quindi necessaria un'attività di mining che nelle tradizionali blockchain si è sempre di più concentrata nelle mani di pochi attori.

- Assenza di costi da transazione: non essendoci minatori con IOTA, non sono presenti incentivi e costi di transazione. La struttura del network e il sistema di consenso rendono superflua ogni forma di incentivo.
- Immunità: la funzione hash utilizzata nel protocollo IOTA, nota come Curl, si caratterizza per essere estremamente veloce e sicura, garantendo una sorta di immunità dall'arrivo dei computer quantici.

Il progetto IOTA è stato fondato nel 2015 da David Sønstebø, Sergey Ivancheglo, Dominik Schiener e Serguei Popov e lanciato ufficialmente in beta test l'anno successivo. I token associati, che prendono il nome di IOTA, sono stati interamente distribuiti in fase di ICO per un totale di 100 milioni di IOTA. La supply è stata successivamente aumentata a 2.779.530.283.277.761, ma senza modificare la percentuale di valuta detenuta dai sottoscrittori dell'I-CO rispetto al totale. In sostanza, è stata semplicemente cambiata l'unità di misura dei token.

Alla luce di una massa monetaria così grande, si tende a utilizzare dei multipli dello IOTA in base alla Tabella 15.1.

TABELLA 15.1 - L'unità di misura di IOTA.

Unità di misura	Codice	Valore
Iota	IOTA	1
KiloIota	KIOTA	1.000
MegaIota	MIOTA	1.000.000
GigaIota	GIOTA	1.000.000.000
TeraIota	TIOTA	1.000.000.000.000
PetaIota	PIOTA	1.000.000.000.000.000

TRON
https://tron.network

Sul finire del 2017, il Tron è stato uno dei progetti che ha registrato grande attenzione da parte degli investitori, non solo per il valore della sua criptovaluta ma anche per l'influente nome del suo ideatore, Justin Sun, già annoverato dalla rivista Forbes tra i trenta giovani imprenditori asiatici più influenti. Justin Sun è infatti il fondatore dell'app di messaggistica Peiwo, una sorta di Snapchat cinese di grande successo.

Tron si fonda su un protocollo che mira a costruire un sistema decentralizzato per l'intrattenimento, offrendo la possibiltà agli utenti di pubblicare, archiviare e possedere i dati in maniera gratuita. Quest'ultimo aspetto è forse quello più significativo.

Il recente scandalo di Cambridge Analytics, che ha travolto Facebook, è un chiaro esempio di come la privacy non sia totalmente garantita nel mondo virtuale. A fronte di servizi apparentemente gratuiti, come la posta elettronica, la messaggistica o i social network, l'utente cede tutta una serie di informazioni relative ai propri gusti, usi e opinioni.

Con Tron tutto questo dovrebbe essere arginato. L'obiettivo è quello di porre fine al controllo dei dati da parte dei colossi Internet, restituendo agli utenti il pieno possesso delle proprie informazioni. I dati verranno infatti archiviati in modo frammentato e decentralizzato sulla blockchain, rendendoli sicuri e totalmente anonimi.

L'algoritmo di consenso su cui si fonda la blockchain di Tron prende il nome di Proof of Repetition (PoRep). Si tratta di un meccanismo unico nel suo genere, che tende a misurare la quantità di spazio di archiviazione fornito dagli utenti e remunerarla con la valuta Tronix (TRX). Questa valuta è funzionale all'ecosistema del progetto Tron. Se, da un lato, si può ricevere il Tronix come remunerazione per lo spazio di archiviazione, dall'altro lo si può spendere per consultare i contenuti sulla piattaforma, come per esempio leggere un articolo o visualizzare un video.

Questo progetto si presenta come estremamente rivoluzionario, ma il tutto è ancora da dimostrare. A suo favore ci sono però delle partnership già stipulate con varie società, tra cui il colosso delle biciclette a noleggio Obike.

DASH
https://www.dash.org

Il progetto Dash è stato lanciato ufficialmente il 18 gennaio 2014 con il nome di XCoin, su iniziativa dello sviluppatore Evan Duffield. La denominazione è stata subito modificata in Darkcoin e successivamente, il 25 marzo 2015, in Dash, acronimo di "digital cash".

L'obiettivo era creare una valuta digitale che cercasse di risolvere alcuni limiti del protocollo Bitcoin, in particolare l'anonimato e la velocità delle transazioni. Per fare questo, il Dash si è strutturato con due tipologie di funzioni applicabili alle transazioni:

- PrivateSend: garantisce l'anonimato di una transazione mediante un processo di mescolamento con altre transazioni che presentano questa funzione.
- InstantSend: permette di confermare una transazione in meno di un secondo, rendendo il Dash una valuta digitale estremamente competitiva con altri strumenti di pagamento come, per esempio, le carte di credito.

Tuttavia, la vera novità del progetto Dash è da ricercare nella sua architettura a due livelli basata su:

- Mining.
- Masternode.

Il primo livello è rappresentato dall'attività di mining, con la quale vengono validati i blocchi che compongono la blockchain del Dash. Come per la maggior parte delle criptovalute, anche il mining del Dash è basato su un meccanismo di consenso Proof of Work ma con la peculiarità di utilizzare l'algoritmo X11, che combina undici funzioni hashing diverse (blake, bmw, groestl, jh, keccak, skein, luffa, cubehash, shavite, simd, echo). Grazie a questo algoritmo, il Dash si pone come una delle più sicure e sofisticate monete digitali in circolazione.

I blocchi sono generati circa ogni 2 minuti e mezzo e forniscono una ricompensa variabile in base al coefficiente di difficoltà, compresa tra un minimo di 5 e un massimo di 25 Dash. Rispetto a quanto avviene per il mining di Bitcoin, questa ricompensa non viene incassata totalmente dal minatore che ha svolto la prova di lavoro, ma spartita con le seguenti percentuali:

- 45% ai miner.
- 45% ai masternode.
- 10% al sistema di finanziamento.

Quindi i masternode, che compongono il secondo livello dell'architettura del Dash, hanno il diritto di ricevere una remunerazione per l'attività di Proof of Service (PoSe) che svolgono a sostegno del funzionamento del network Dash. Nello specifico, si occupano di:

- PrivateSend.
- InstantSend.
- Governance decentralizzata.

Un elemento distintivo del progetto Dash è dato proprio dalla governance decentralizzata, nota come Decentralized Governance by Blockchain (DGBB), la quale mira a risolvere due problemi rilevanti nel mondo delle valute digitali ovvero chi prende le decisioni e chi finanzia i progetti.

Per quanto riguarda il primo aspetto, Dash propone una soluzione semplice ed efficace: ogni masternode ha un diritto di voto. Quindi, così come avviene in un normale referendum in cui gli elettori sono chiamati a esprimere le proprie preferenze, chiunque detenga un masternode ha la facoltà di votare riguardo a specifiche proposte.

Oltre a questi aspetti di governance, il DGBB ha il compito di raccogliere i fondi per sostenere in modo autonomo le fasi di sviluppo delle proposte approvate e le iniziative del progetto Dash. Per fare questo, una percentuale del 10% della ricompensa dei blocchi viene allocata come fonte di finanziamento, la quale viene accantonata in un fondo che può essere sbloccato con cadenza mensile.

Dopo aver presentato le principali attività svolte dai masternode, una domanda sorge spontanea: quali sono i requisiti per creare un masternode? Anzitutto servono delle competenze informatiche per gestire un server o una macchina virtuale che lavori in ambiente Linux con indirizzo IP dedicato, ma non solo. È necessario infatti rispettare anche un vincolo economico di 1.000 Dash, da depositare con un'unica transazione su un wallet dedicato e da mantenere a titolo di garanzia dell'attività da svolgere. Per come si sono evoluti i prezzi del Dash, questo vincolo economico si è trasformato in una vera barriera per chiunque voglia creare un nuovo masternode. Se nel 2014 bastavano solo 500 dollari per creare un masternode, nel 2017 si è raggiunta l'incredibile cifra di 1,5 milioni di dollari.

Ipotizzando di soddisfare tutti i requisiti richiesti, il ritorno sull'investimento (ROI) è stimato alle attuali condizioni di mercato in un 8% su base annua.

Come avviene per il Bitcoin, anche la massa monetaria del Dash è calcolata come somma di una serie geometrica, ma senza una certezza sul numero esatto di monete che verranno generate, che potrà infatti variare da un minimo di 17,74 milioni a un massimo di 18,92 milioni. L'emissione di valuta avviene sotto forma di incentivo, con una riduzione del 7,14% ogni 210.240 blocchi, ovvero circa ogni anno. Il tasso di inflazione è quindi decrescente.

NEM
https://nem.io

Il progetto NEM, "New Economy Movement", è stato annunciato il 19 gennaio 2014 da un utente conosciuto mediante l'acronimo "Utopianfuture", sul forum del sito Bitcointalk.org. Così come per il Bitcoin, anche per il NEM non conosciamo la vera identità del suo ideatore ma possiamo solo dargli il merito di aver dato vita a uno dei progetti più interessanti e innovativi nel campo delle valute digitali.

Inizialmente, "Utopianfuture" propose di creare il NEM attraverso una biforcazione (fork) di un'altra valuta, il Nxt (codice NXT). Tuttavia questa ipotesi venne presto abbandonata e, una volta creato un team di sviluppatori, il NEM fu lanciato ufficialmente il 31 marzo 2015 come valuta indipendente. La scelta di non voler dipendere da altri progetti è stata resa necessaria – e per certi versi obbligata – dalle numerose novità introdotte dal NEM.

Parliamo di valuta ma, in realtà, il NEM è un vero e proprio movimento che mira alla creazione di una nuova economia basata su principi di decentralizzazione, libertà finanziaria e pari opportunità. E per cercare di raggiungere questi obiettivi, il NEM si pone come un vero e proprio ecosistema all'interno del quale è possibile costruire numerose applicazioni di varia natura. Per esempio, applicazioni specifiche per l'e-commerce, per la messaggistica, per la gestione di beni digitali, per la creazione di exchange e molto altro.

L'ecosistema NEM presenta delle caratteristiche uniche, tra le quali:

- Proof of Importance (PoI).
- Vesting.
- Harvesting.

Probabilmente, il principale pregio del NEM è di aver introdotto un nuovo meccanismo di consenso, noto come Proof of Importance. Si tratta di un algoritmo davvero innovativo, per certi versi rivoluzionario, che rende il NEM una valuta diversa da tutte le altre, tipicamente fondate su algoritmi di Proof of Work e Proof of Stake.

Con il PoI, a ogni utente che possieda almeno 10.000 XEM viene assegnato un punteggio di importanza (importance score), non solo in base al numero di monete possedute, come di solito avviene con il PoS, ma anche al numero di transazioni ricevute ed effettuate. In questo modo si cerca di scoraggiare l'accumulo di monete e di rendere più uniforme la distribuzione della ricchezza. Di conseguenza, un utente che miri esclusivamente ad accumulare XEM avrà un punteggio di importanza inferiore rispetto a un utente attivo, che contribuisce alla circolazione della moneta. L'utilizzo di questo algoritmo di consenso rende il NEM una valuta più rispettosa dell'ambiente, più equa e più sicura.

Come abbiamo scritto, affinché venga assegnato un punteggio di importanza è necessario che l'account detenga almeno 10.000 XEM. Ma non basta. Il saldo deve infatti essere mantenuto per un certo periodo di tempo. Il saldo di un account si divide in due parti:

- Vested: si compone delle valute che sono "maturate".
- Unvested: si compone delle valute che non sono ancora "maturate".

La maturazione (vesting) è un processo ideato per aumentare e garantire la fiducia all'interno del sistema NEM. In particolare, ogni volta che un account riceve nuovi XEM questi vengono aggiunti al saldo unvested, per essere poi gradualmente spostati al saldo vested. Il trasferimento si attiva ogni 1.440 blocchi, ovvero una volta al giorno, e riguarda solo 1/10 delle valute contenute nell'account unvested.

La distinzione tra coin vested e unvested è valida solo per le transazioni in entrata e non per quelle in uscita. In quest'ultimo caso, l'intero saldo del conto è sempre disponibile.

Il processo di generazione dei blocchi prende il nome di "harvesting", ovvero raccolta. Se con il Bitcoin i creatori dei blocchi sono dei minatori (miner), con il NEM diventano dei mietitori (harvester). Vi è però una differenza sostanziale, così come viene spiegato dal nome stesso di queste due attività. Con il mining si creano nuove monete, ovvero nuovi Bitcoin, mentre con l'harvesting si raccolgono solo le commissioni di transazione (transaction fee) contenute in ogni blocco. Ci sono due tipi di raccolte:

- Locale (local harvesting).
- Delegata (delegated harvesting).

La raccolta locale è un metodo predefinito di raccolta e funziona solo quando il computer è in esecuzione e non si utilizza un'infrastruttura NIS (NEM Infrastructure Server) remota. La chiave privata dell'account, che serve a firmare i blocchi generati, è sempre mantenuta in locale.

Per svolgere questo tipo di raccolta, non è necessaria alcuna configurazione specifica, basta solo installare il software NEM e cliccare sul tasto "Start Local Harvesting".

Mentre la raccolta delegata è un metodo con cui un utente si collega a un NIS remoto, conferendogli il diritto a svolgere la raccolta a proprio nome. La sicurezza di questo processo è garantita dalla creazione di un account con delega (proxy account) su cui è trasferita l'importanza dell'utente. La chiave privata di questo account viene trasferita al NIS remoto, con cui si potranno firmare i blocchi generati, ma non permette di trasferire il punteggio di importanza ad altri account. Dopo l'attivazione, che ha un costo di 6 XEM, sono necessarie 360 conferme, ovvero circa 6 ore: da quel momento l'attivazione è completata e si può iniziare la raccolta. Le commissioni guadagnate attraverso la raccolta vengono inviate direttamente all'account originale e non all'account con delega, che presenta sempre un saldo pari a 0 XEM.

Questo tipo di raccolta è un processo di tipo remoto, di conseguenza è possibile spegnere il software NEM sul computer locale senza interrompere la raccolta. Questa continuerà fino a quando il NIS è attivo.

La decisione su quale metodo di raccolta utilizzare è una scelta dell'utente e non incide sulla probabilità di raccolta, che è infatti la medesima. Gli utenti che presentano un punteggio di importanza elevato avranno maggiori probabilità di raccogliere un blocco. Per svolgere l'attività di harvesting sono necessari 10.000 XEM.

Il NEM mette a disposizione due soluzioni blockchain:

- Private chain (catena privata), nota come Mijin.
- Public chain (catena pubblica).

Il nome Mijin deriva da un'antica arma ninja composta da tre catene, famosa per essere estremamente efficace e distruttiva. A settembre 2015, la società Tech Bureau ha annunciato la creazione di una soluzione a basso costo per la creazione di blockchain private. L'obiettivo dichiarato di questo progetto è di ridurre i costi delle infrastrutture bancarie del 90% entro il quarto trimestre del 2018. Un obiettivo davvero ambizioso.

I supernodi costituiscono la spina dorsale che sostiene l'esistenza dei light wallet, mobile wallet e applicazioni sviluppate da terze parti, fornendo un accesso semplice, veloce e affidabile alla Rete.

Per il lavoro svolto dai supernodi è prevista una ricompensa monetaria, attiva in via sperimentale dal 1 giugno 2016 e pari a 70.000 XEM giornalieri. Questo valore è poi stato incrementato a 140.000 XEM giornalieri, a partire dal 1 settembre 2016.

Affinché sia garantita la copertura economica, il programma "Supernode Rewards" è stato finanziato con oltre 211 milioni di XEM, depositati in un wallet pubblico, consultabile al seguente indirizzo web: http://chain.nem.ninja/#/search/NAFUNDBUKIOSTMD4BNXL7ZFE735QHN7A3FBS6CMY.

Ma quali sono le credenziali per diventare un supernodo? È anzitutto necessario possedere almeno 3.000.030 XEM, di cui 3 milioni servono effettivamente per la registrazione e 30 XEM come commissione per attivare la raccolta delegata (delegated harvesting) e inviare il messaggio di iscrizione. Tuttavia, questo è solo un requisito di tipo economico, necessario ma non sufficiente. È infatti indispensabile rispettare anche dei parametri qualitativi riguardo al server o alla VPS del supernodo.

La ricompensa è divisa in modo equo tra tutti i supernodi che hanno svolto il lavoro. Per esempio, nel momento in cui stiamo scrivendo questa pagina, i supernodi attivi sono 787: ognuno di questi avrà quindi diritto a una ricompensa di circa 178 XEM.

All'interno dell'ecosistema NEM si utilizza una valuta crittografica che prende il nome di XEM. L'offerta di moneta è fissa e pari a 8.999.999.999

XEM. Al 10 gennaio 2018, lo XEM è negoziato sui principali exchange a un prezzo di 1,44 dollari, con una capitalizzazione di 13 miliardi di dollari.

MONERO
https://getmonero.org

La criptovaluta Monero è stata lanciata il 18 aprile 2014, con il nome di Bitmonero, ma subito rinominata Monero, che in lingua esperanto significa "moneta". Fin dalle sue origini, la caratteristica che ha contraddistinto questo progetto è stata quella di voler garantire un anonimato totale per le transazioni digitali.

Per fare questo, Monero ha implementato il protocollo CryptoNote, che si fonda sul concetto di firma ad anello, nota in crittografia come "Ring Signature". Con questa tecnologia, la firma può essere eseguita da qualsiasi membro di un gruppo di utenti che dispongano delle chiavi.

Le chiavi pubbliche del mittente e del destinatario vengono mescolate con le chiavi di altri utenti, rendendo impossibile comprendere chi effettivamente ha svolto la transazione. In estrema sintesi, se facciamo riferimento alla Figura 15.7, è come se volessimo sapere chi tra i mittenti A, B, C e D ha inviato una transazione ai destinatari E e F. Le possibilità sono varie e non esiste una risposta certa.

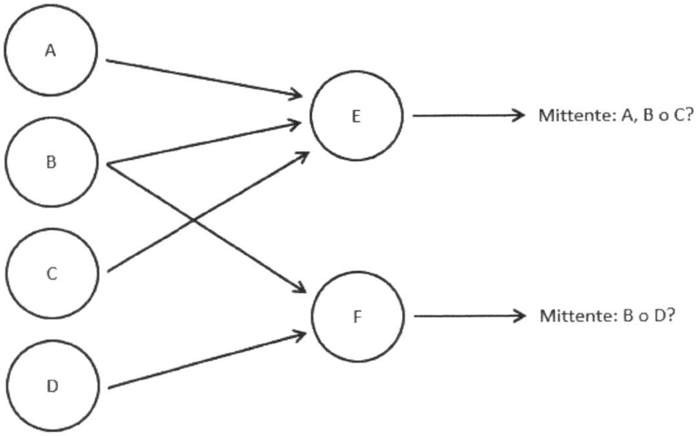

FIGURA 15.7 - Un esempio di transazione di Monero.

Fino al blocco numero 1.220.516, generato il 10 gennaio 2017, ogni ammontare veniva diviso in importi più piccoli e associato a varie transazioni. Per esempio, se Alice avesse voluto inviare 20 Monero a Bob, la transazione si sarebbe potuta scomporre in tre transazioni, rispettivamente di 10, 7 e 3 Monero. Tutto questo salvaguardava l'anonimato degli utenti ma non necessariamente l'anonimato complessivo delle transazioni.

Si è quindi reso necessario implementare un nuovo algoritmo, noto come RingCT (Ring Confidential Transactions) che aumentasse ulteriormente la sicurezza e l'anonimato, non solo oscurando l'ammontare delle transazioni ma anche modificandolo in valore relativo. In sostanza, è come se ogni importo delle tre precedenti transazioni venisse moltiplicato per un coefficiente (k), noto solo ad Alice e Bob:

$$10 \times k + 7 \times k + 3 \times k = 20$$

Un'ulteriore evoluzione su cui gli sviluppatori di Monero stanno lavorando prende il nome di Kovri. Si tratta di un'implementazione in linguaggio C++ del software I2P (Invisible Internet Project) in grado di realizzare una rete completamente anonima e sicura per lo scambio di informazioni. Se questo progetto verrà realizzato, allora tutto il traffico Monero verrà crittografato e instradato attraverso i nodi I2P, che svolgeranno la funzione di guardiani ciechi. Questi nodi saranno a conoscenza dei messaggi che transitano ma non avranno idea di dove esattamente stiano andando e quali contenuti contengano.

In conclusione, possiamo affermare che Monero si pone probabilmente come la valuta anonima per eccellenza, sostenuta da tutti gli aspetti tecnici che abbiamo presentato e da una community di sviluppatori che si conferma come tra le più attive e determinate nel settore delle criptovalute. Il core team di Monero è invece composto da sette sviluppatori, di cui solo due hanno mostrato la loro vera identità (Riccardo Spagni e Francisco Cabañas), mentre gli altri sono noti con i seguenti pseudonimi: smooth, othe, luigi1111, tacotime e NoodleDoodle.

La valuta Monero viene generata e distribuita attraverso l'attività di mining che, così come avviene per il Bitcoin, ha lo scopo di validare i blocchi e confermare le transazioni in essi contenute. Tuttavia, il mining di Monero si può definire come un processo più distribuito rispetto a quello del Bitcoin e in tal senso più vicino alla visione originale di Satoshi Nakamoto. La ragione risiede nell'algoritmo di hashing, noto come CryptoNight, utilizzato per svolgere la Proof of Work. CryptoNight è progettato per essere resistente alle schede grafiche (GPU) e a hardware personalizzati (ASIC), rendendo non obsolete le CPU.

Ogni due minuti viene generato un nuovo blocco con un nuovo valore della difficoltà. In generale, la logica usata dall'algoritmo è di calcolare la difficoltà come una percentuale della somma di tutto il lavoro svolto dai nodi diviso per il tempo speso per tale attività. Con l'attività di mining vengono anche distribuite monete di nuova generazione, mediante una "smooth emission". Attualmente l'offerta disponibile è di circa 15.609.456 XMR e continuerà a espandersi anche se con un ritmo diverso. In particolare, il tasso di inflazione resterà decrescente fino a quando non verranno generati 18,3 milioni di XMR, per poi diventare costante a 0,3 XMR ogni minuto.

TETHER
https://tether.to

Per quanto visto finora, la volatilità dei prezzi delle valute digitali è stata elevatissima. Basti pensare al 2017, anno in cui abbiamo assistito a una incredibile esplosione dei prezzi, come viene mostrato nella Figura 15.8.

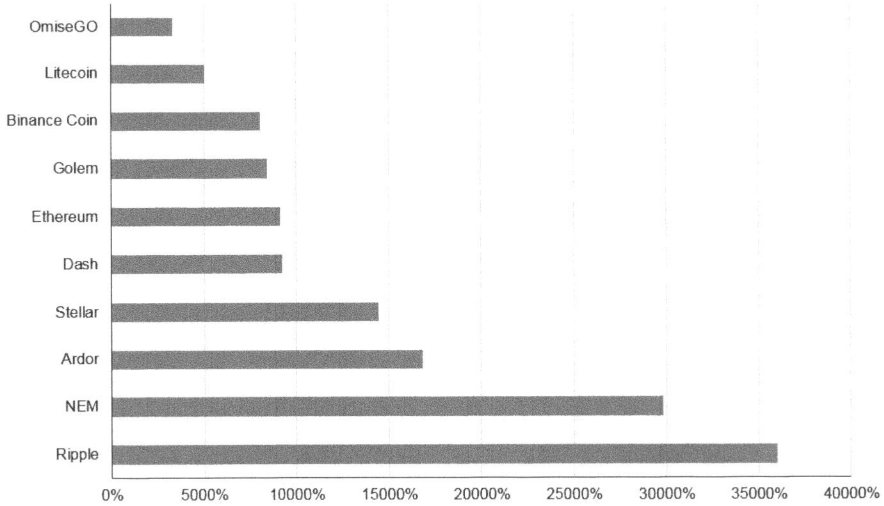

FIGURA 15.8 - Le migliori dieci performance nel corso del 2017.

Tuttavia, nello scenario delle criptovalute, ne esiste una che rimane pressoché costante: il Tether (Figura 15.9). Lo scarso movimento del prezzo deriva dal legame uno-a-uno con il dollaro americano e l'euro, e dalla garanzia che per ogni Tether sul mercato ci sia una corrispettiva riserva in valuta fiat.

Per la sua stessa natura, il Tether è quindi da utilizzare non tanto in ottica speculativa ma piuttosto come valuta alternativa al dollaro, per passare da una valuta all'altra o trasferire fondi tra piattarome diverse. Anche i cripto exchange fanno uso del Tether, evitando di detenere conti in valuta fiat.

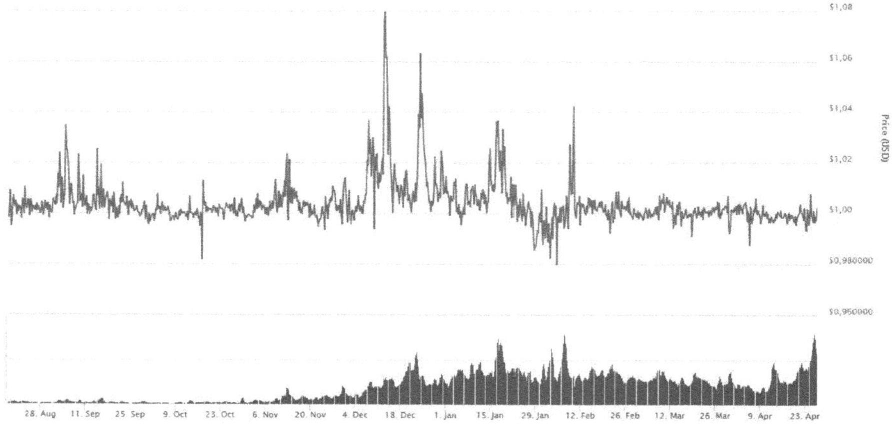

FIGURA 15.9 – Il grafico del Tether in dollari americani.

La storia del Tether è comunque controversa e passa per una società, la Tether Limited, registrata nelle Isole Vergini britanniche. Capire se questa società abbia davvero le coperture economiche dichiarate è difficile a dirsi, ma al momento il Tether si mantiene attivo come uno strumento funzionale al settore delle valute digitali.

VECHAIN
https://www.vechain.org

Il progetto VeChain ha l'obiettivo di migliorare la gestione della catena di distribuzione dei prodotti, intervenendo sugli aspetti logistici e di autenticazione. Mediante l'uso della blockchain è infatti possibile creare un codice digitale che identifica in maniera univoca e inviolabile uno specifico prodotto reale. In altri termini, si crea un'identità digitale, una sorta di passaporto che viene scansionato ogni volta che il prodotto transita di mano nella catena di distribuzione.

Pensate, per esempio, al settore del lusso o a quello agroalimentare. Le aziende produttrici combattono quotidianamente la contraffazione e, al tempo stesso, i consumatori vogliono essere sicuri di comprare prodotti affidabili e certificati. Con VeChain tutto questo è possibile.

A ogni prodotto è associato un codice identitifativo, noto come VeChain Identity (VID) che può essere scritto in un Tag NFC (Near Field Communication), in un codice Quick Response (QR) o in un Tag RFID (Radio Frequency Identification).

La sicurezza è garantita dai nodi che compongono la blockchain, che nello specifico svolgono un'attività di ispezione della qualità, servizi di portafoglio e di conservazione delle chiavi private. Inoltre, il funzionamento della piattaforma è sostenuto dal token VeChain (VEN) associato alla catena Ethereum. È previsto però il passaggio a un sistema più articolato, che farà uso di due diversi token:

- VeChain (VET): questi token verranno utilizzati dalle aziende come strumento di pagamento per gestire le proprie attività sulla blockchain.
- Thor Power (THOR): saranno assegnati ai possessori di VET e potranno essere spesi per eseguire contratti intelligenti.

VeChian è un progetto estremamente interessante, sostenuto da idee concrete e da un team di sviluppatori molto forte. Inoltre, è già riuscito a stringere collaborazioni con aziende del calibro di BMW, Groupe Renault, Yida Group e Kuehne & Nagel.

QTUM
https://qtum.org/en

Qtum è un progetto open source sviluppato dalla Qtum Foundation con sede a Singapore. Si definisce come una piattaforma blockchain ibrida, che combina la stabilità della blockchain Bitcoin con la tecnologia degli smart contract di Ethereum. L'obiettivo di Qtum è dunque quello di creare un'infrastruttura solida per rendere la creazione e l'esecuzione degli smart contract sempre più semplice, affidabile e performante.

Dal punto di vista tecnico, Qtum implementa la Ethereum Virtual Machine (EVM) sulla blockchain Bitcoin basata su Unspent Transaction Output (UTXO), rendendo per la prima volta compatibili queste due diverse tecnologie (Figura 15.10).

Le caratteristiche di questo progetto sono davvero uniche; tra queste illustriamo le più importanti:

- Qtum non utilizza l'algoritmo Proof of Work, come invece fanno Bitcoin ed Ethereum, ma si basa sulla Proof of Stake (PoS). Questa scelta dipende dal fatto che il PoS è molto più flessibile, scalabile ed economico.

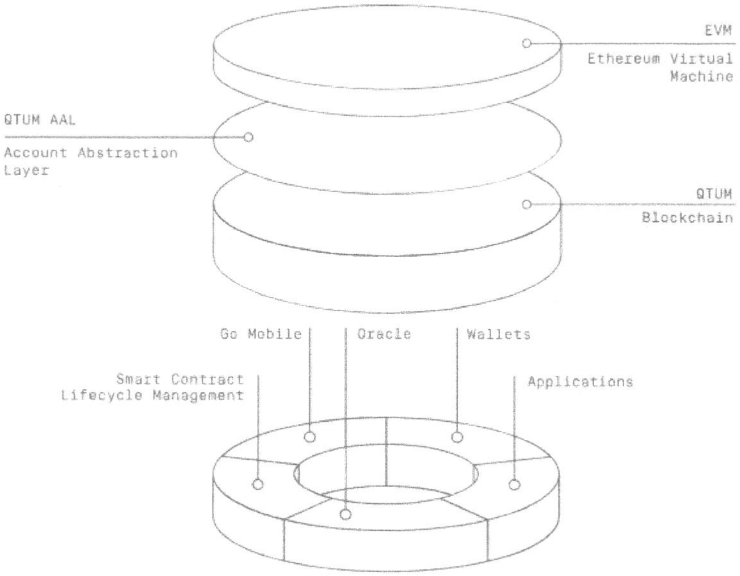

FIGURA 15.10 - La struttura della blockchain Qtum.

- AAL (Account Abstraction Layer): questo elemento si trova a metà strada tra la Ethereum Virtual Machine e la blockchain Qtum e funge da strumento di comunicazione tra queste due tecnologie.
- Smart contract lifecycle management: Qtum sviluppa metodi per standardizzare il flusso di lavoro attraverso l'implementazione di smart contract funzionali alle esigenze aziendali.
- Go Mobile: con la tecnologia UTXO e il protocollo Simple Payment Verification (SPV) è possibile costruire applicazioni leggere senza l'obbligo di scaricare l'intera blockchain; così facendo, anche gli smart contract associati a Qtum diventano a loro volta leggeri e fruibili con dispositivi mobili. A differenza degli smart contract di Ethereum, che per funzionare necessitano di tutta la blockchain, con Qtum si snellisce questo processo, offrendo l'opportunità di creare nuove applicazioni decentralizzate per dispositivi mobili.
- Qtum non solo è compatibile con gli smart contract di Ethereum, ma garantisce anche la retro compatibilità in caso di aggiornamento del codice. Anche questa è una novità sostanziale e non di poco conto.
- Il team di sviluppo di Qtum è molto eterogeneo, con professionalità divise tra programmatori Bitcoin ed Ethereum.

Durante l'ICO a marzo 2017, in soli cinque giorni sono stati raccolti oltre 15 milioni di dollari e distribuiti 100 milioni di token Qtum (QTUM), con le seguenti percentuali:

- 51% alla community.
- 20% ai fondatori e al team di sviluppo.
- 20% per l'espansione del mercato.
- 9% per le iniziative di ricerca.

La struttura ibrida di questa blockchain e le scelte tecniche adottate rendono Qtum uno dei progetti più interessanti e promettenti nel settore delle criptovalute. Pur essendo un progetto giovane, Qtum mira a rivoluzionare i processi aziendali, proponendo una piattaforma veloce, compatibile ed efficiente.

OMISEGO
https://omisego.network

Fondata nel 2013, la società Omise è specializzata in servizi di pagamento molto simili a quelli offerti da PayPal ma specifici per il mercato asiatico. Nel 2017 ha lanciato il progetto OmiseGO per creare una piattaforma di pagamento open source e decentralizzata, per cercare di risolvere due problemi:

- Fornire dei servizi finanziari evoluti anche per tutti quegli utenti che hanno difficoltà ad accedere ai tradizionali canali bancari. Si stima infatti che circa due miliardi di persone nel mondo siano "unbanked" ovvero non dispongono di un conto bancario e non hanno in generale modo di usufruire dei tradizionali strumenti finanziari. Al tempo stesso queste persone utilizzano vari dispositivi Internet, in particolare gli smartphone. OmiseGo vuole dunque offrire la tecnologia che possa permettere a queste persone di avere accesso ai servizi bancari.
- Il settore finanziario, pur garantendo una copertura mondiale, è in realtà più chiuso di quanto si possa pensare. Non sempre è agevole ed economico svolgere operazioni finanziarie non convenzionali, soprattutto se queste sono rivolte a Paesi non appartenenti alla stessa area geografica.

Per raggiungere i suoi obiettivi, OmiseGo sta lavorando su vari fronti. In particolare:

- La blockchain OmiseGO fungerà anche da hub per tutte le altre blockchain che vorranno agganciarsi. In questo modo OmiseGO consentirà uno scambio dinamnico tra gli eWallet.
- Un DEX (Decentralized Exchange) che includerà sia un order book decentralizzato sia un motore di trading. Verranno quindi incrociate in maniera automatica e con estrema velocità le valute fiat dei vari eWallet. In questo modo, se un utente vuole inviare dei dollari a un altro utente che però vuole ricevere il controvalrore in euro, allora il motore di trading provvederà a convertirli sfruttando, per esempio, il cambio Ether.
- L'SDK White Wallet è un framework per offrire agli sviluppatori uno strumento semplice ed efficiente per costruire portafogli specifici. Questa soluzione permetterà anche agli utenti di scambiare denaro fiat, criptovaluta, pagamenti con carta, carte regalo, ricariche e pagamenti di crediti in cambio di risorse digitali.
- OmiseGO sarà il primo progetto a integrare la tecnologia Plasma, che garantirà un'elevata scalabilità delle transazioni, scaricando molte operazioni off-chain.
- La blockchain OmiseGO funzionerà con algoritmi di Proof of Stake (PoS).

Anche in questo caso ci troviamo di fronte a un progetto molto ambizioso che, se portato a termine, riuscirà a creare un nuovo ecosistema nei sistemi di pagamento.

ETHEREUM CLASSIC
https://ethereumclassic.github.io

Uno dei primi progetti creati per sfruttare gli smart contract di Ethereum è stato lanciato nel 2016 con il nome di DAO (Decentralized Autonomous Organization). L'obiettivo era quello di costruire un nuovo modello organizzativo in grado di agevolare la collaborazione tra i privati e la governance aziendale, il tutto in maniera codificata e decentralizzata. Per esempio, le persone potevano collaborare alla realizzazione di progetti condivisi senza una forma societaria oppure un'azienda poteva automatizzare regole di governance contenute nel proprio statuto sociale o imposte dalla legge.

Il successo è stato immediato e in meno di un mese sono stati raccolti fondi pari a circa il 14% della capitalizzazione di Ether per un controvalore di 150 milioni di dollari. Tuttavia, a distanza di pochissime settimane il DAO è stato sottoposto a un attacco hacker che, sfruttando una serie di vulnerabilità del codice, ha rubato circa un terzo degli Ether raccolti. Questo evento ha decretato non solo la morte del progetto DAO ma anche lo scisma di Ethereum. Infatti, a seguito dei tentativi falliti di recuperare i token rubati e di un acceso dibattito su come intervenire, la comunità Ethereum è stata chiamata a votare sulla proposta di modifica del codice del protocollo, in modo da poter restituire i fondi illecitamente sottratti. L'esito positivo della votazione ha portato quindi a una biforcazione della catena al blocco numero 1.920.000, il 20 luglio 2016. Tuttavia, una minoranza di sviluppatori e miner non ha condiviso questa decisione e ha continuato a supportare la versione originale di Ethereum, mossa dalla volontà di non modificare il codice e garantire l'immutabilità della blockchain.

Questi eventi hanno portato a una sorta di scisma della comunità Ethereum, divisa tra conservatori e riformisti:

- Ethereum Classic (codice ETC): è la versione originale del protocollo Ethereum.
- Ethereum (codice ETH): è la versione modificata del protocollo Ethereum.

Le differenze tra queste due versioni sono dunque sia tecniche sia ideologiche, ma è importante precisare come Ethereum sia quella ufficiale. Il vero punto di forza di Ethereum Classic è solo quello di garantire l'integrità del progetto Ethereum così come è stato concepito alle origini.

ZCASH
https://z.cash

Il progetto Zcash è stato lanciato a gennaio 2016, su iniziativa di Zooko Wilcox-O'Hearn e sostenuto da numerosi investitori tra cui Pantera Capital, Digital Currency Group e Fenbushi Capital, e in pochissimo tempo si è posizionato come uno dei progetti più forti e innovativi nel campo delle valute fantasma.

Zcash è nato come biforcazione del Bitcoin, con l'obiettivo specifico di garantire un anonimato totale nelle transazioni. Per fare questo si fonda sul protocollo Zerocash, che a sua volta rappresenta un'evoluzione del protocollo

Zerocoin sviluppato dal professor Matthew D. Green dell'università americana Johns Hopkins.

Rispetto alle valute che abbiamo presentato finora, Zcash utilizza un nuovo metodo di crittografia, noto come zk-SNARKs (zero-knowledge Succinct Non-interactive Argument of Knowledge). Si tratta di una variante della tecnica di crittografia zero-knowledge, con la quale un soggetto ("prover") può dimostrare la validità di un'informazione a un soggetto terzo ("verifier"), senza rivelare nient'altro oltre alla veridicità della stessa. La nozione di conoscenza zero fu proposta per la prima volta nel 1985 dai ricercatori Shafi Goldwasser, Silvio Micali e Charles Rackoff, durante il convegno STOC ("Symposium on Theory of Computing") e si fonda sulla verifica di tre condizioni:

- Completezza: se un'informazione è vera, allora un possessore onesto potrà convincere un verificatore onesto.
- Correttezza: se un'informazione è falsa, allora nessun possessore disonesto potrà convincere un verificatore onesto che sia vera.
- Conoscenza zero: se un'informazione è vera, allora un verificatore potrà conoscere solo tale informazione e nient'altro.

Senza scendere in aspetti tecnici, un modo divertente per comprendere la logica di questa tecnica crittografica è di giocare a "Dov'è Wally?". Le immagini tratte dall'omonima serie di libri per bambini si compongono di molte persone di cui solo una è Wally (Figura 15.11). L'obiettivo del gioco è quindi quello di trovare il più velocemente possibile questo simpatico personaggio, che si distingue perché indossa una maglia a righe bianche e rosse, un cappello e degli occhiali.

FIGURA 15.11 - Wally.

Supponiamo che Alice e Bob stiano cercando Wally all'interno della Figura 15.12 e che Alice dichiari di esserci riuscita.

FIGURA 15.12 - Dov'è Wally?

Ora il problema di Alice è dimostrare la validità della dichiarazione senza svelare la vera posizione di Wally. Come può fare? Una soluzione potrebbe essere quella che Alice stampi una copia dell'immagine e in presenza di Bob ne colori il retro. A questo punto, senza farsi notare, Alice può ritagliare solo il volto di Wally. Così facendo Bob non sarà in grado di capire in quale zona dell'immagine è posizionato Wally, ma potrà certificare la validità della ricerca di Alice avendo lui stesso colorato il retro del foglio. Senza rendersene conto, Alice e Bob hanno svolto una prova di lavoro a conoscenza zero, garantendo sia la verificabilità sia la riservatezza.

In modo analogo, all'interno di una transazione Zcash la prova zk-SNARKs permette di dimostrare che una transazione sia valida senza rivelare tutti i dettagli degli importi e dei soggetti coinvolti. Le transazioni anonime sono comunque di tipo opzionale e possono riguardare anche solo uno dei due soggetti coinvolti. Infatti, come mostrato nella Figura 15.13, le combinazioni possibili per svolgere una transazione in Zcash sono in realtà quattro:

- Pubblica: è una transazione identica a quelle in Bitcoin, con trasparenza sull'importo e sugli indirizzi delle controparti.

- Shielding: è una transazione pubblica dal lato del mittente e anonima dal lato del destinatario.
- Deshielding: è una transazione anonima dal lato del mittente e pubblica dal lato del destinatario.
- Private: è una transazione completamente anonima.

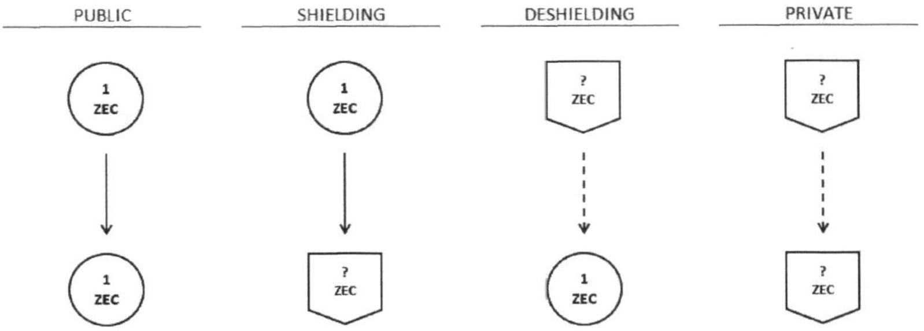

FIGURA 15.13 - Tipologie di transazioni in Zcash.

Le differenze tra queste tipologie di transazione dipendono dalle caratteristiche degli indirizzi del mittente e del destinatario, che si distinguono in:

- t-address (t-addr): è un indirizzo pubblico e inizia sempre con la lettera "t". Le transazioni in entrata e in uscita da questo indirizzo sono liberamente consultabili, così come avviene per ogni indirizzo Bitcoin.
- z-address (z-addr): è un indirizzo privato e inizia sempre con la lettera "z". Le transazioni in entrata e in uscita da questo indirizzo non vengono mai rese pubbliche e sono consultabili solo dal possessore del wallet.

Come per il Bitcoin, l'offerta di Zcash è pari a 21 milioni di monete e viene interamente distribuita come forma di remunerazione per l'attività di mining. Tuttavia è importante precisare che per per i primi quattro anni di vita il 20% delle valute minate è incassato dalla Zcash Company (ZcashCo), mentre i minatori hanno diritto al restante 80% e a tutte le commissioni generate dalle transazioni. In questo modo, poiché la curva monetaria è di tipo esponenziale, allora la remunerazione per la ZcashCo sarà circa al 10% della massa complessiva ovvero a 2,1 milioni di Zcash. Questo importo dovrebbe garantire la sostenibilità del progetto e coprire i costi d'investimento e sviluppo.

I minatori sono chiamati a svolgere delle prove di lavoro basate sull'algoritmo Equihash, ideato da Dmitry Khovratovich e Alex Biryukov, che si caratterizza per utilizzare la potenza di calcolo della RAM. In questo modo, il mining di Zcash è resistente agli hardware ASIC.

I blocchi vengono creati mediamente ogni 2 minuti e mezzo, ovvero a una velocità quattro volte superiore a quella del Bitcoin e, di conseguenza, per mantenere una curva di offerta simile, la ricompensa di ogni blocco è uguale a un quarto rispetto a quella dei Bitcoin. Attualmente è di 12,5 Zcash per blocco e verrà dimezzata ogni 840.000 blocchi, circa ogni quattro anni.

BYTECOIN
https://bytecoin.org

L'obiettivo di qualsiasi sistema finanziario è garantire un funzionamento efficiente della valuta in circolazione, riducendo le commissioni e, di conseguenza, i costi finali per i consumatori. L'innovazione è l'unica via per cercare di raggiungere questo obiettivo. In tal senso, Bytecoin desidera sviluppare un nuovo e più efficiente sistema finanziario, fondato sui seguenti principi:

- Decentralizzazione.
- Condivisione.
- Uguaglianza.

Per fare questo, Bytecoin è stata la prima valuta ad applicare il protocollo CryptoNote e si può considerare come la madre di tutte le criptovalute fantasma. Lanciato ufficialmente nel 2012, nel corso degli anni il progetto Bytecoin è stato piuttosto frammentato e non sempre i team di sviluppatori hanno lavorato in armonia. Questo ha portato a numerose biforcazioni, sfociate in altri progetti e valute digitali, tra cui Monero, DigitalNote, Fantomcoin e Dashcoin.

Solo recentemente sembra sia stato raggiunto un accordo tra gli sviluppatori, che stanno rilanciando il progetto Bytecoin.

Dal punto di vista tecnico, Bytecoin non presenta sostanziali differenze rispetto a quanto già presentato per Monero. Utilizza infatti l'algoritmo di hashing CryptoNote, ha un tempo di 2 minuti per la generazione di un blocco e la difficoltà si aggiusta a ogni blocco. Diversa è invece l'offerta di moneta, che nel caso di Bytecoin è fissa, a circa 184,47 milioni, e quasi interamente distribuita.

PIVX
https://pivx.org

Un altro progetto molto interessante, nato come biforcazione del Dash, è stato lanciato il 1° febbraio 2016 con il nome di Darknet, e poco dopo rinominato in PIVX (Private Instant Verified Transaction). Il PIVX si presenta come una valuta digitale open source e decentralizzata, con l'obiettivo di permettere transazioni private, istantanee e verificate.

Partendo dal presupposto che uno dei principali problemi di tutte le valute che utilizzano gli algoritmi basati sulla Proof of Work sia la centralizzazione dell'attività di mining, il PIVX si affida alla Proof of Stake. In questo modo, se i nodi possiedono una certa quantità di valuta a garanzia dell'attività di verifica di una transazione, allora hanno diritto a una remunerazione proporzionale alla quantità stessa, per un determinato periodo di tempo. In estrema sintesi, al posto dei miner sono presenti gli staking nodes.

L'architettura del PIVX si fonda anche sulla presenza dei masternode, la cui attività è volta a garantire l'anonimato e l'istantaneità delle transazioni, oltreché la governance del network. Così come avviene per il Dash, l'attivazione di un masternode non è un processo agevole poiché richiede sia specifiche conoscenze informatiche sia un vincolo economico pari a 10.000 PIVX, ovvero circa 54.000 dollari all'attuale quotazione di mercato.

I blocchi sono generati circa ogni due minuti e forniscono una ricompensa variabile in base al coefficiente di difficoltà, non superiore a 5 PIVX di nuova generazione e spartita con le seguenti percentuali:

- Il 90% da dividere tra staking node e masternode.
- Il 10% al sistema di finanziamento.

Queste percentuali ci introducono alla seconda grande novità del progetto PIVX ovvero il Seesaw Reward Balance System (SRBS). Questo sistema è stato ideato per garantire un bilanciamento dinamico della remunerazione pari al 90%, che deve essere divisa tra staking node e masternode. Nello specifico, la percentuale spettante è inversamente proporzionale al numero dei nodi: di conseguenza, se aumenta il numero dei masternode allora diminuisce la loro percentuale di remunerazione, a vantaggio degli staking node e viceversa.

Nel momento in cui stiamo scrivendo questa pagina, il numero di masternode attivi è di 2.100, che controllano circa 21 milioni di PIVX ovvero il 38% della massa monetaria disponibile. Il ritorno sull'investimento è stimato nel 5,75% su base annua.

Il PIVX si caratterizza inoltre per avere una massa monetaria in continua espansione, con un tasso di inflazione leggermente decrescente.

ZCOIN
https://zcoin.io

Il progetto Zcoin è stato lanciato ufficialmente il 28 settembre 2017 su iniziativa di Poramin Insom e Gary Lee, due studenti dell'università americana Johns Hopkins, e sostenuto in fase iniziale anche da Roger Ver, fondatore dello Zcash. Proprio a causa dell'investimento di Roger Ver, si tende erroneamente a pensare che Zcoin e Zcash siano la stessa cosa, ma in realtà si tratta di due valute alternative accomunate dall'obiettivo di voler garantire l'anonimato delle transazioni. In particolare, Zcoin ha il pregio di essere stata la prima valuta digitale ad aver implementato il protocollo Zerocoin, che attraverso prove di tipo zero-knowledge permette a un utente di dimostrare il possesso della valuta senza fornire altre informazioni aggiuntive, nemmeno quelle relative alla cronologia delle transazioni. Da questo punto di vista, Zcoin si presenta come una delle valute fantasma più interessanti e innovative, al pari delle più famose Monero, Zcash e Dash.

Tuttavia, la sua popolarità è cresciuta enormemente sul finire del 2017 con l'introduzione del programma di incentivi per i masternode. Questi nodi, che prendono il nome di Znodes, verificano la validità delle transazioni ma, a differenza delle altre valute che abbiamo finora presentato, non si occupano di governance. A fronte di opportune specifiche tecniche e del possesso di 1.000 XZC, i nodi hanno diritto a una remunerazione pari al 30% delle valute generate a ogni blocco e, alle attuali condizioni di mercato, garantiscono un ritorno sull'investimento (ROI) del 25% su base annua.

La massa monetaria è stata fissata a 21 bilioni di Zcoin e aumentata il 20 febbraio 2017 di 388.450 unità, a seguito della correzione di un errore nel codice. Ad ogni modo, il tasso di inflazione è decrescente e simile a quello del Bitcoin.

VERGE
https://vergecurrency.com

Il progetto Verge è stato sviluppato nel 2014 con il nome di DogeCoinDark, per cercare di realizzare una valuta digitale che garantisse una totale riservatezza e anonimato nelle transazioni.

Molte sono le peculiarità del Verge, che la rendono una delle valute fantasma più interessanti e innovative; in particolare:

- La prova di lavoro può essere svolta con vari algoritmi hashing (Scrypt, X17, Lyra2rev2, myr-groestl e blake2s), garantendo in questo modo una

maggiore sicurezza del network e la possibilità ai minatori di usare vari dispositivi per l'attività di mining.
- Integra sia la tecnologia definita dal protocollo The Onion Router (Tor) sia quella del protocollo I2P (Invisible Internet Project), con l'obiettivo di garantire l'anonimato delle informazioni scambiate all'interno del network.
- Con l'implementazione del Wraith Protocol, in base alle proprie necessità l'utente può scegliere se rendere la transazione visibile o completamente anonima. In entrambi i casi, il protocollo Tor interviene oscurando gli indirizzi IP degli utenti che svolgono la transazione.
- La privacy è tutelata anche dagli "stealth addresses", ovvero degli indirizzi che creano delle chiavi pubbliche temporanee, univoche e casuali. Le transazioni con questi indirizzi non permettono di risalire al vero portafoglio del destinatario.

Due ulteriori novità che verranno implementate nel progetto Verge riguardano gli Atomic Swap e i Rootstock Smart Contracts (RSK).

Con l'uso degli Atomic Swap è possibile negoziare le valute in modo peer-to-peer, eliminando gli intermediari. Si passa in questo modo da una tradizionale architettura di trading centralizzato a una decentralizzata. Mentre con Roostock si possono sfruttare le funzionalità dei contratti intelligenti, i pagamenti istantanei e un'elevata scalabilità del numero delle transazioni.

La massa monetaria è fissa a 16,5 bilioni di Verge ed è stata distribuita molto velocemente sotto forma di incentivo per sostenere i costi dell'attività di mining. In soli tre anni e mezzo, sono infatti in circolazione già 14,6 bilioni di Verge, circa l'88% del totale. Considerando che la commissione pagata per ogni transazione è di soli 0,1 XVG, è chiaro come per garantire la remunerazione dei minatori sarà cruciale che il numero delle transazioni cresca in modo significativo.

DIGITALNOTE
http://digitalnote.org

Il DigitalNote è un'altra moneta anonima che utilizza il protocollo CryptoNote ed è nata come biforcazione del Bytecoin il 30 maggio 2014. Inizialmente il progetto è stato lanciato con il nome di duckNote, poi cambiato in DarkNote e infine in DigitalNote.

Dal punto di vista tecnico, il DigitalNote presenta la struttura tipica delle valute che utilizzano il protocollo CryptoNote, per garantire l'anonimato e offuscare le transazioni. Ma c'è dell'altro. Il trasferimento di informazioni riservate è un problema complesso e di prioritaria importanza nel mondo digitale in cui viviamo. Non solo i privati sono alla ricerca di strumenti che possano tutelare la propria privacy, ma anche gli enti governativi, le istituzioni e le imprese. In questo ambito, DigitalNote propone una funzionalità per l'invio di messaggi sicuri, istantanei e non tracciabili, in modo decentralizzato e crittografato.

Un'altra caratteristica interessante e unica del DigitalNote è di offrire una remunerazione per i depositi bloccati a un tasso annuo compreso tra 0,4% e 1,094%. Si tratta di una sorta di obbligazione a tasso fisso, con cui l'investitore presta il proprio denaro per un certo periodo di tempo, ricevendo in cambio un interesse prestabilito. È importante precisare che l'ammontare minimo dell'investimento deve essere di 150 XDN e l'orizzonte temporale è calcolato non in termini di tempo assoluto ma come numero di blocchi. Con l'uso del DigitalNote Wallet, nella sezione "Deposits" si può effettuare l'investimento scegliendo l'ammontare di XDN da bloccare e l'orizzonte temporale.

La ragione per cui DigitalNote ha implementato i depositi remunerati è duplice. Infatti permette sia di distribuire parte dell'offerta di moneta, in modo alternativo al classico mining, sia di incrementare la sicurezza crittografica attraverso la Proof of Activity (PoA).

Il numero massimo di valuta disponibile è pari a 8.589.869.056 XDM e l'emissione può avvenire in modo duplice:

- Mining: la prova di lavoro è svolta applicando l'algoritmo di hashing CryptoNight. Nuovi blocchi vengono generati ogni 4 minuti, con una ricompensa di 150 XDN. Si tratta della forma di emissione principale.
- Depositi: gli interessi per gli investitori sono pagati con l'emissione di nuova valuta.

Al momento sono stati distribuiti 6.894.681.936 XDM, circa l'80% della massa monetaria.

LISK
https://lisk.io

Lisk è nata nel 2016 su iniziativa degli sviluppatori Mark Kordek e Oliver Beddows, come biforcazione del progetto Crypti. Si tratta di una piattaforma applicativa basata su linguaggio JavaScript, che ha l'obiettivo di rendere la tecnologia blockchain più accessibile sia per gli sviluppatori sia per gli utenti. La scelta di utilizzare JavaScript è dovuta alla semplicità d'uso di questo linguaggio di programmazione e soprattutto alla sua enorme diffusione. Elementi che bene si sposano con l'obiettivo di Lisk.

Le principali caratteristiche di Lisk riguardano:

- Decentralized Apps (DApps).
- Mainchain e sidechain.
- Delegated Proof of Stake.

Lisk mira a creare una piattaforma in cui gli sviluppatori possano creare applicazioni decentralizzate, facendo uso della tecnologia blockchain. Con l'uso del Software Development Kit (SDK), è possibile creare applicazioni di varia natura, che includano sia l'interfaccia utente (front-end) sia il codice di funzionamento stesso dell'applicazione (back-end). È proprio questo il punto di forza e la novità di Lisk. Anche Ethereum permette di creare applicazioni con l'uso dei suoi smart contract ma questi insistono solo sulla parte back-end. Questo implica che qualora si vogliano costruire delle applicazioni decentralizzate con l'uso degli smart contract di Ethereum, è necessario fare uso di altri sistemi per lo sviluppo della parte front-end. In tal senso, Lisk offre sicuramente una piattaforma più completa.

Lisk, infatti, è una delle poche piattaforme che dispone di blockchain laterali (sidechain) rispetto alla blockchain principale (blockchain). Cerchiamo di spiegare meglio questa caratteristica di Lisk facendo riferimento alla Figura 15.14.

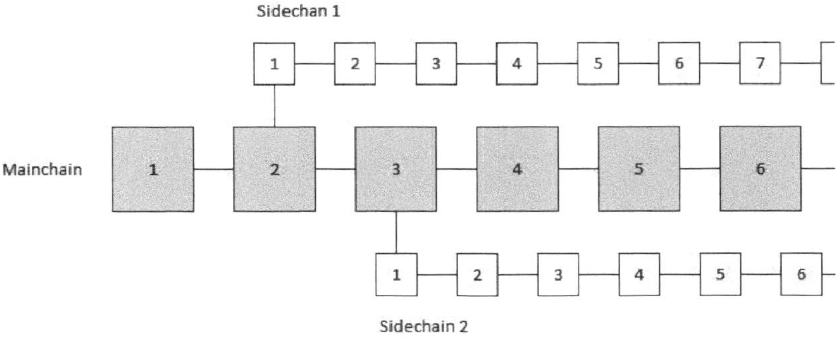

FIGURA 15.14 - Mainchain e sidechain.

La catena principale di Lisk svolge le tipiche funzioni di una blockchain ed è quella su cui vengono agganciate tutte le catene laterali. Nel nostro esempio, al blocco 2 e 3 vengono implementate due sidechain. Queste sidechain si sviluppano parallelamente alla catena principale e ne estendono le funzionalità, con un approccio che consente in maniera decentralizzata di trasferire o sincronizzare i token tra queste due catene. In altri termini, l'uso di questa architettura consente ai token di una blockchain di essere utilizzati in modo sicuro all'interno di una blockchain completamente separata ma, se necessario, torna alla catena originale. Le applicazioni decentralizzate di Lisk insistono proprio su queste sidechain, mantenendo la blockchain principale più snella ed efficiente. Ciò garantisce una flessibilità senza eguali, consentendo agli sviluppatori di produrre applicazioni altamente personalizzate senza intaccare o appesantire la mainchain. Questo tipo di architettura garantisce maggiore flessibilità, sicurezza e scalabilità.

Per determinare il consenso, viene utilizzato un algoritmo Delegated Proof of Stake (DPoS). La principale differenza rispetto all'algoritmo Proof of Stake è data dal fatto che solo un numero ristretto di delegati può svolgere l'attività di forging. Ogni utente ha la possibilità di registrare un account delegato per votare o essere votato da altri utenti. In caso di voto, il numero di LSK posseduti corrisponde al peso del voto, e la propria preferenza può essere espressa solo con la totalità degli LSK posseduti. I 101 delegati con il maggior numero di voti diventano attivi e iniziano a confermare i nuovi blocchi, garantendo in questo modo la sicurezza della rete.

Il progetto è stato finanziato da un ICO tra febbraio e marzo 2016, con cui sono stati raccolti oltre 14.000 BTC e distribuiti 100 milioni di token Lisk, così divisi:

- 85% ai sottoscrittori dell'ICO.
- 7,8% al team di sviluppo.
- 4% per pubblicità e bounties.
- 2% agli advisor.
- 1% agli investitori iniziali.
- 0,2% come bonus ai sottoscrittori durante il primo giorno di ICO.

Tuttavia l'offerta di LSK non è limitata ma aumenta di 5 LSK ogni 10 secondi, ovvero nel momento in cui viene creato un nuovo blocco. Questi nuovi LSK corrispondono al reward per l'attività svolta di conferma dei blocchi e vengono divisi equamente tra tutti i 101 delegati. Ogni 3 milioni di blocchi – circa 1 anno – il forging reward diminuisce di 1 LSK, fino al minimo di 1 LSK per blocco. Di conseguenza, il tasso di inflazione del LSK è decrescente, e mediamente rispetta i valori indicati nella Tabella 15.2.

TABELLA 15.2 - Il tasso di inflazione del Lisk.

Anni	Reward N° LSK	Inflation rate
1	5	15,77%
2	4	10,9%
3	3	7,37%
4	2	4,58%
5	1	2,19%

SIACOIN
https://sia.tech

Sia è un progetto sviluppato dalla società Nebulous, con sede a Boston, con l'obiettivo di decentralizzare lo spazio di archiviazione dei dati, il cosiddetto storage. In questo campo sono già presenti colossi informatici quali Google, Amazon e Dropbox, che però offrono dei servizi di tipo centralizzato. Sia vuole invece ridefinire l'architettura dell'archiviazione in base alle logiche blockchain.

Al progetto Sia sono associate due valute digitali:

- Siacoin (SC).
- Siafund (SF).

Siacoin è la valuta digitale funzionale al progetto Sia. Tutti i contratti di storage e tutti i pagamenti all'interno della piattaforma Sia avvengono esclusivamente in Siacoin. Si tratta di una considerazione estremamente importante, che ha impatti indiretti sul prezzo della valuta. Più aumenta la domanda di storage, più aumenta la domanda di Siacoin.

L'offerta di Siacoin è più articolata rispetto a quella di altre valute. Innanzitutto va detto che non è fissa ma si incrementa gradualmente all'infinito. Il primo blocco minato ha ricevuto una ricompensa pari a 300.000 Siacoin, mentre dal secondo blocco in poi la ricompensa diminuisce di 1 Siacoin a ogni blocco, fino al limite fissato a 30.000 Siacoin. Tale limite verrà raggiunto al blocco numero 270.001.

Il tempo necessario per creare un nuovo blocco è di circa 10 minuti: di conseguenza, è possibile stimare che il limite inferiore verrà raggiunto dopo circa 1.875 giorni dalla formazione del primo blocco. Inoltre, allo scorrere del tempo, l'offerta di moneta, pur essendo sempre in crescita, avrà un peso percentuale inferiore rispetto alla massa complessiva.

Se siete degli speculatori, sarete sicuramente interessati a questo cambio, ma se invece pensate di investire nel progetto Sia con un'ottica di lungo periodo, allora dovete valutare bene se acquistare il Siafund.

I possessori di Siafund riceveranno un compenso pari al 3,9% per ogni Siacoin speso nell'ecosistema Sia. Per esempio, se un cliente acquista potenza di calcolo per un valore di 1.000 Siacoin, 961 verranno incassati dal venditore e 39 spartiti equamente tra i possessori di Siafund. Questo significa che per ogni Siafund posseduto si riceveranno 0,039 Siacoin. I Siafund sono estremamente rari, ne esistono solo 10.000 e non ne verranno più prodotti. Di questi, circa l'88% sono direttamente posseduti dalla società Nebulous, mentre la parte residua è stata ceduta ai primi finanziatori del progetto. Di conseguenza, trovare un venditore è molto difficile, a tal punto che oggi solo l'exchange decentralizzato Bisq offre la possibilità di negoziare Siafund. Eccone il link: https://markets.bisq.network/?market=sf_btc.

Tuttavia non aspettatevi di trovare un mercato liquido. È l'esatto opposto. Pochissimi prezzi, bid-ask spesso molto largo e scambi ridotti. Nella Figura 15.15 è mostrato il grafico degli scambi di Siafund nel corso dell'ultimo anno.

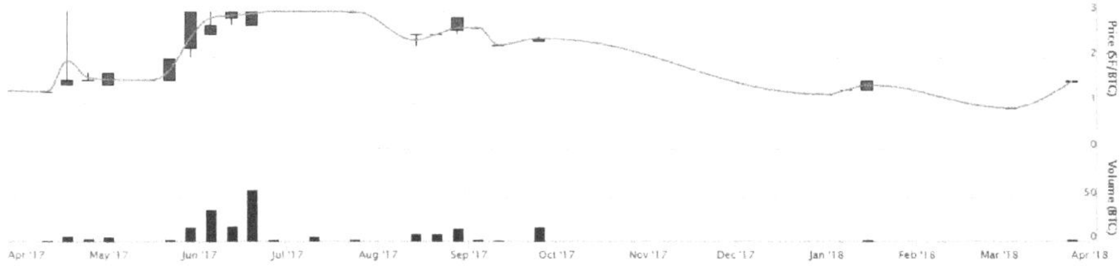

FIGURA 15.15 - Il grafico del Siafund negoziato su Bisq.

L'obiettivo primario di Siafund è di finanziare lo sviluppo di Sia senza contare su donazioni o altro: più persone utilizzano Sia, maggiori fondi sono disponibili per assumere sviluppatori e sostenere il progetto.

STRATIS
https://stratisplatform.com

Statis è una piattaforma volta a semplificare e rendere accessibile la tecnologia blockchain a sviluppatori, aziende e consumatori, offrendo funzionalità complete per lo sviluppo, il test, la distribuzione e la gestione di applicazioni e soluzioni basate su blockchain. Il tutto in modo semplice e veloce.

In pratica, Stratis consente agli sviluppatori di creare delle blockchain private, note come Stratis Private Chains, completamente personalizzate e adattabili a ogni tipo di esigenza. È possibile, per esempio, costruire dei blocchi di grandi dimensioni, in modo da immagazzinare un maggior numero di transazioni, velocizzare il tempo di formazione di un blocco per ottenere delle conferme rapide, controllare le transazioni con lo scopo di permettere solo a utenti approvati di inviare richieste alla Rete, e molto altro.

La sicurezza è garantita dalla blockchain Stratis, a cui tutte le blockchain private sono indissolubilmente agganciate. Alla luce di questo legame, le blockchain private prendono il nome di sidechain.

Stratis è scritto quasi interamente con linguaggio C# e utilizza il framework .Net di Microsoft. Questa scelta è dettata dalla volontà di rendere più agevoli e veloci le eventuali modifiche al codice stesso. Inoltre, C# è uno dei linguaggi di programmazione dominanti e più diffusi nel mondo aziendale.

I blocchi che compongono la blockchain si formano mediamente ogni 60 secondi e il consenso è basato sulla Proof of Stake.

Il progetto Stratis fu lanciato ufficialmente tra giugno e luglio 2016, con un ICO che distribuì tutta l'offerta monetaria pari a 98.692.346 di token STRAT, così divisa:

- 84 milioni di STRAT per gli investitori.
- 8 milioni di STRAT per il gruppo di sviluppo.
- 2 milioni di STRAT per gli advisor e partner.
- 4 milioni di STRAT per compensi e spese di marketing.

L'ICO si concluse con una raccolta di 915 Bitcoin, per un controvalore all'epoca di circa 675.000 dollari. La cifra raccolta in fase di ICO non è stata significativa se confrontata con quelle delle ICO più recenti. Tuttavia il prezzo del token associato, lo Stratis, in poco meno di due anni ha registrato una incredibile performance del +82.000%, passando da 0,023 dollari nell'agosto 2016 a un massimo di 18,84 dollari a gennaio 2018.

L'andamento del prezzo e il successo di un eventuale investimento in questo token è strettamente collegato al numero di sviluppatori e di aziende interessate a creare applicazioni con la blockchain Stratis. In tal senso, ci sono delle forti similitudini con Ethereum e con tutti quei progetti che mirano a creare un ecosistema di tipo blockchain.

AEON
http://www.aeon.cash

Il 6 giugno 2014, su iniziativa di uno sviluppatore anonimo, è stato lanciato il progetto Aeon come biforcazione di Monero, con l'obiettivo di creare una valuta privata, sicura e non tracciabile in un mondo decentralizzato. Le differenze rispetto a Monero non sono per ora moltissime e riguardano:

- Lo scratchpad da 1 Mb consente ad Aeon di funzionare in modo efficiente su dispositivi mobili così come su computer portatili e desktop.
- L'algoritmo di hashing utilizzato per svolgere la Proof of Work è CryptoNight-Lite. Il pregio di questo algoritmo è di essere più leggero e veloce rispetto a quello utilizzato da Monero.
- Uno dei principali problemi delle blockchain è il progressivo aumento delle dimensioni, per il salvataggio dei dati. Basti pensare alla blockchain di Bitcoin che da sola pesa oltre 150 Gb e continua a crescere in modo esponenziale. Aeon cerca invece di ridurre i requisiti di archiviazione dei dati con un processo di potatura della blockchain, senza però perderne le informazioni rilevanti.
- Come tutte le valute che utilizzano CryptoNote, anche Aeon rende le transazioni anonime, ma al tempo stesso è possibile inviare delle transazioni anche in modo tracciabile. Così facendo, queste transazioni sono più veloci nella fase di verifica e soggette a commissioni praticamente nulle. Questa opzione di Aeon può, per esempio, essere attivata per transazioni poco sensibili alla privacy, come quelle effettuate con un exchange.

Per tutto il resto, come per esempio il tempo del blocco pari a 2 minuti o l'offerta di moneta uguale a 18,3 milioni, Aeon è identico a Monero. In sintesi, al momento Aeon si presenta come una versione più leggera di Monero, in grado di funzionare in modo efficiente e veloce su tutti i dispositivi tecnologici, compresi quelli mobili.

GLOSSARIO

Address: è la chiave pubblica di un portafoglio in Bitcoin ed è formata da una stringa di caratteri alfanumerici, utilizzata per ricevere o inviare le transazioni.

ASIC: è uno specifico circuito integrato di chip in silicio, costruito per svolgere una specifica attività. Nel caso del Bitcoin, sono progettati per processare funzioni Hash con l'algoritmo SHA-256.

Atomic Swap: è una funzione che permette una transazione cross-chain, in quanto utilizza le blockchain delle due diverse criptovalute. Gli Atomic Swap utilizzano gli Hash Time-Locked Contracts (HTLCs) per assicurare il corretto funzionamento della transazione.

Bitcoin: è un sistema di pagamento peer-to-peer e una moneta digitale. Convenzionalmente la parola "Bitcoin", scritta in maiuscolo, si riferisce alla tecnologia del network, mentre la parola "Bitcoin", scritta in minuscolo, si riferisce alla valuta stessa Nel libro, per scelta editoriale, è stata usata sempre la dicitura maiuscola.

Bitcoin Dominance Index (BDI): è un indice analitico che fornisce un'istantanea su come si evolve la capitalizzazione del Bitcoin, espressa in valori percentuali, rispetto alla capitalizzazione complessiva di tutte le criptovalute esistenti.

Blocco: è un'unità che compone la blockchain e contiene tutte le transazioni confermate durante il periodo di generazione del blocco stesso. I blocchi del Bitcoin vengono generati in media ogni dieci minuti e aggiunti in modo cronologico alla blockchain.

Blockchain: è un registro pubblico di tutte le transazioni di una specifica valuta digitale. Si tratta di una "catena di blocchi", questo perché ogni blocco che la compone è per costruzione collegato con il precedente. Da un punto di vista informatico, la blockchain si definisce come un database memorizzato e distribuito su ogni macchina che fa parte del network.

BTC: è l'abbreviazione della valuta Bitcoin. Talvolta si può trovare anche l'abbreviazione XTB.

Centralized Exchange: un mercato si definisce centralizzato quando una terza parte svolge un ruolo di garante degli scambi e mette a disposizione degli utenti l'infrastruttura necessaria per completare le transazioni.

CFD: è l'acronimo di Contract for Difference, ovvero un tipo di contratto in strumenti derivati in base al quale viene scambiata la differenza di valore di un certo titolo o sottostante, nel nostro caso il Bitcoin, maturata tra il momento di apertura e di chiusura di un contratto.

Chiave privata: è una chiave crittografica di decifratura. Si compone di un codice alfanumerico che permette di confermare il possesso delle valute digitali contenute in un certo wallet e sbloccarle per eventuali transazioni. La chiave privata deve essere custodita gelosamente.

Chiave pubblica: è una chiave crittografica di cifratura. Nel campo delle valute digitali è rappresentata dall'indirizzo associato in maniera univoca a un certo wallet. Il mittente di una transazione in Bitcoin deve quindi conoscere la chiave pubblica del destinatario.

Cold Storage: è l'attività volta a conservare le criptovalute mediante un dispositivo completamente scollegato da Internet. I Cold Storage Wallet si distinguono in Hardware Wallet e Paper Wallet.

Cripto Exchange: è una piattaforma, come per esempio Poloniex, che permette solo di scambiare valuta digitale.

Crittografia: è un insieme di tecniche che consentono di trasmettere un messaggio mantenendolo segreto a tutti, tranne alle persone che possiedono le chiavi per decifrarlo. Si parla di crittografia simmetrica quando si utilizza la medesima chiave per cifrare e decifrare un messaggio, e di crittografia asimmetrica quando si utilizzano chiavi diverse.

Decentralized Exchange: un mercato si definisce decentralizzato quando non è garantito da una terza parte e il suo funzionamento è gestito da un registro distribuito, con una logica simile all'infrastruttura cardine delle criptovalute.

Desktop Wallet: è un tipo di Hot Wallet che si configura attraverso l'installazione di un software sul PC ed è accessibile solo dal computer sul quale è stato installato.

Double spending: è un problema che si verifica quando un Bitcoin viene speso più di una volta dallo stesso proprietario.

Ethereum: è una piattaforma decentralizzata per la creazione e la pubblicazione di Smart Contract. La valuta digitale associata prende il nome di Ether e funge sia da unità di conto sia da carburante per far funzionare gli Smart Contract.

ETF: è l'acronimo di Exchange Traded Fund ovvero una particolare tipologia di fondo d'investimento con la caratteristica di essere negoziato in Borsa come un normale titolo azionario e di avere come unico obiettivo d'investimento quello di replicare l'indice al quale si riferisce attraverso una gestione totalmente passiva.

Fiat Currency: è la moneta tradizionale (euro, dollaro) che deriva il suo valore essenzialmente da un'autorità e dalla fiducia delle persone. È quindi un valore fiduciario cioè non determinato dal valore intrinseco di un materiale quale, per esempio, oro o argento.

Fiat Exchange: è una piattaforma, come per esempio Kraken, che permette di scambiare valuta tradizionale contro valuta digitale.

Fork: è usato per indicare lo sviluppo di un nuovo progetto nel campo delle valute digitali che nasce dal codice sorgente di un altro progetto già esistente. I Fork possono essere di due tipi: Soft Fork e Hard Fork.

Future: è un contratto derivato negoziato su mercati regolamentati mediante i quali l'acquirente e il venditore si impegnano a scambiarsi una determinata quantità di una certa attività finanziaria a un prezzo prefissato e con liquidazione differita a una data futura prestabilita.

Genesis Block: è il primo blocco che compone la blockchain Bitcoin ed è stato generato alle ore 18:15:05 del 3 gennaio 2009.

Hard Fork: è una scissione che porta alla formazione di una nuova versione aggiornata del protocollo blockchain, che non è più compatibile con le versioni precedenti. Questo tipo di fork ha come conseguenza la nascita di una nuova valuta digitale.

Hardware Wallet: è un tipo di Cold Wallet che si compone di un dispositivo fisico su cui è possibile conservare la chiave privata per dimostrare la proprietà dei Bitcoin e di altre criptovalute.

Hash Time-Locked Contracts (HTLCs): sono un nuovo tipo di smart contract, che permettono, attraverso hashlock e timelock, di concedere a un utente di riscuotere un pagamento entro un certo limite di tempo, solo dopo aver fornito un certificato crittografato del pagamento o, in alternativa, di annullare la transazione in caso di mancato pagamento.

Hot Storage: è l'attività volta a conservare le criptovalute mediante un hardware connesso in modo diretto e continuativo a Internet. Gli Hot Storage Wallet si distinguono in Online Wallet, Mobile Wallet e Desktop Wallet.

Incentivi: per il lavoro svolto dai minatori è riconosciuto un "rimborso" che si compone di nuovi Bitcoin e commissioni di transazione incluse in ogni blocco. Vengono assegnati 50 Bitcoin per ogni blocco risolto, ma questo valore si dimezza ogni 210.000 blocchi.

Mining: è il processo con cui si verificano e registrano tutte le transazioni in Bitcoin ma è anche l'attività che permette di coniare nuovi Bitcoin. Il numero massimo di Bitcoin a disposizione è pari a 21 milioni e tale offerta verrà completata entro il 2140.

Mobile Wallet: è un tipo di Hot Wallet che si configura attraverso l'installazione di un software sul proprio smartphone e consente con facilità di trasferire criptovaluta per effettuare pagamenti.

Network: il sistema Bitcoin è organizzato in nodi secondo una rete distribuita, decentralizzata e paritaria. Il network Bitcoin è per costruzione di tipo P2P (Peer To Peer).

Nodi Bitcoin: si distinguono in Lightweight (o Light nodes) e Full nodes. I primi si caratterizzano per essere degli hardware leggeri con limitate capacità di elaborazione e archiviazione, mentre i secondi sono la spina dorsale che sorregge tutta la rete Bitcoin e svolgono varie mansioni, tra cui quella di scaricare tutti i blocchi e tutte le transazioni per verificare che rispettino le regole di consenso e quella di inviare le transazioni ai minatori affinché le possano validare e registrare sulla blockchain.

Online Wallet: è un tipo di Hot Wallet che si configura attraverso un servizio Internet offerto da siti dedicati che garantiscono un accesso da qualunque computer e in qualsiasi parte del mondo.

OTC: i Bitcoin, così come le altre valute digitali, sono negoziati su mercati non regolamentati, noti come OTC (Over The Counter). Questi mercati sono non istituzionali, sono privi di cassa di compensazione e presentano un rischio maggiore rispetto ai mercati regolamentati.

Paper Wallet: è un tipo di Cold Wallet che consiste nello stampare o trascrivere su carta la chiave pubblica e privata. I paper wallet sono la forma più sicura di conservazioni poiché l'utente non deve porre la fiducia in nessuno, se non in se stesso.

Proof of Stake (PoS): è un metodo alternativo alla PoW che mira a ricercare il consenso in base alla quantità di valuta detenuta dagli utenti.

Proof of Work (PoW): è sostanzialmente una prova di lavoro che i nodi della rete devono svolgere per poter raggiungere un accordo di tipo decentralizzato per aggiungere un nuovo blocco alla blockchain.

Smart Contract: sono dei contratti intelligenti ovvero dei protocolli informatici che facilitano, verificano e fanno rispettare la negoziazione o l'esecuzione di uno specifico contratto.

Soft Fork: è una scissione che porta alla formazione di una nuova versione aggiornata del protocollo blockchain, compatibile con le versioni precedenti.

Tangle: è un registro di transazioni alternativo alla blockchain, che presenta delle peculiarità che la rendono particolarmente vantaggiosa per tutti quei settori caratterizzati da un elevato numero di transazioni e micro pagamenti, come, per esempio, l'IoT (Internet of Things).

Wallet: è un software che svolge le funzioni di un portafoglio elettronico, in cui sono memorizzate tutte le credenziali digitali per accedere, spendere e trasferire i Bitcoin o altre valute digitali.

GLI AUTORI

Matteo Maggioni. Laureato in Economia delle Istituzioni e dei Mercati Finanziari presso l'Università Cattolica di Milano. Membro dell'International Federation of Technical Analysts (IFTA) e socio della Società Italiana Analisi Tecnica (SIAT).

Attualmente è trader istituzionale sui mercati delle commodity.

Ha inoltre maturato una specializzazione in strumenti derivati su indici azionari e obbligazionari in ottica di breve periodo. Predilige il trading algoritmico, basato sia su metodi tradizionali sia su metodi innovativi, tra i quali il machine learning.

Docente per FinecoBank S.p.A., una delle principali banche dirette in Europa, e per l'Ordine degli Ingegneri della Provincia di Roma.

Ha tenuto numerose conferenze sul trading in Italia e all'estero, tra cui Expo di Borsa Italiana, ITF di Rimini e Rotary Club.

Dal 2012 si occupa anche di valute digitali e blockchain ed è co-autore del libro *Bitcoin revolution*, edito da Hoepli.

Alessandro De Lorenzo. Alessandro De Lorenzo è laureato in Economia delle Istituzioni e dei Mercati Finanziari con una specializzazione in Finanza Quantitativa presso l'Università Bocconi di Milano. Alessandro è attualmente trader istituzionale sui mercati delle commodity e ha maturato una specializzazione sul mercato dei derivati dopo un'esperienza presso una banca d'investimento. È socio SIAT e docente per FinecoBank S.p.A. Da diversi anni è entusiasta sostenitore delle criptovalute.

Davide Capoti. Doppia laurea in Economia e Giurisprudenza presso l'Università Bocconi, ha maturato otto anni di esperienza come "Portfolio Manager" e "Head of Blockchain for Global Trading" in Enel S.p.A.

Ceo e co-fondatore di Quant01, società di investimenti attiva nel campo dell'Intelligenza Artificiale; è docente di "Live Trading" per FinecoBank S.p.A. ed è membro di SIAT e IFTA. Dal 2012 si occupa di blockchain e investimenti in valute digitali ed è co-founder di Cloudminingbiz (società di cryptomining) e Coinbiz, un marketplace decentralizzato per gli investimenti. Opera come consulente Blockchain per l'Autorità per il Mercato dell'Energia (EMA)" di Singapore. Speaker internazionale, è co-autore di numerose pubblicazioni tra cui *Bitcoin revolution*, edito da Hoepli.

Finito di stampare nel mese di marzo 2022
presso LegoDigit S.r.l., Lavis (Trento)